資質・能力を育成する

授業づくり

小学校国語

カリキュラム・マネジメントを通して

髙木 展郎・白井 達夫・坂本 正治 【編著】

東洋館出版社

はじめに

　令和2年度から、平成29年改訂の学習指導要領が全面実施されています。しかし、COVID-19（新型コロナウィルス）の流行が終息の兆しを見せない中、学習指導要領全面実施に向けての検討が、十分にできない状況もあります。

　このような時代状況の中で、学校は何とか授業を行っていますが、これまでのような授業を行うことが困難な状況も出現しています。しかし、この困難な状況をそのままにしていては、次の時代を担う子供たちに必要な資質・能力を育成することはできません。

　日本の学校教育においては、明治維新直後の明治5（1872）年に学制が公布され、近代教育が始まりました。そして、昭和20（1945）年アジア太平洋戦争の敗戦によって、それまでの教育が終焉しました。この間、73年が経過しています。

　昭和22（1947）年に「日本国憲法」「教育基本法」「学校教育法」の教育三法が制定されることによって戦後教育が始まり、日本は高度経済成長を成し遂げました。しかし、令和2（2020）年にCOVID-19が発生したことにより、オンラインでの授業やGIGAスクール構想の下、これまでとは異なった教育を志向しようとする状況も生まれてきました。この間、今日までに73年。

　教育の変化は、約70年スパンの中にあるのでしょうか。

　教育も時代状況の中に存在します。時代の変化に沿って教育内容も変化し続けないと、時代遅れとなり、教育によって未来を創ることがかなわなくなります。しかし、明治維新や敗戦といった大きな契機がないと、教育は大きくは変わっていきません。なぜなら、教師はどうしても自分の受けてきた教育を再生産しがちであるからです。それでも、今、教育を大きく変えることが求められています。グローバル化の急速な進展、SDGsに象徴される大量生産・大量消費の見直しなど、早急に対応しなければならない課題が山積しているからです。

　今回の学習指導要領改訂は、これまでの改訂とは大きく異なると捉えています。それは、これまで戦後教育の中に培われてきた学力（資質・能力）観から、パラダイムシフトを図ろうとしているからです。

　OECDはこれからの社会で必要な資質・能力（Education2030 Learning Framework）として、「Well-being（個人的・社会的により良く幸せに生きること）」という言葉を掲げています。それは、今回の改訂の「学びに向かう力、人間性等：どのように社会・世界と関わり、よりよい人生を送るか」と通じます。

　COVID-19に象徴される世界的な危機は、これまでの日本の教育を外発的にパラダイムシフトしていく契機を与えてくれたとも言えましょう。日本の教育界には今、内発的にも外発的にも変わらざるを得ない状況が生まれているのです。

ただ、それは、戦後直後に行われた教育改革のように前の時代を否定しドラスティックに変えようとするのではなく、これまでの日本の学校教育に培われてきた優れたものを継承しつつ、日本のみでなくグローバル化した世界でも通用する教育にすることが、前向きに求められているのです。

　グローバル化した世界の中で、人々が理解し合えるためには、コミュニケーションが重要となります。今回の改訂においては、「教科等横断的な視点に立った資質・能力の育成」として、その第一に言語能力が取り上げられています。そして、その資質・能力の育成の中核となるのが国語の授業です。

　日本の国語の授業は、これまでの時代の中で、例えば、識字率の高さを見ても、十分に機能してきたと言えましょう。それは、〔知識及び技能〕の習得に優れているということになります。それに加え、今回の改訂では、〔思考力、判断力、表現力等〕さらに〔学びに向かう力、人間性等〕という資質・能力も、国語で育成することが求められています。その目標と内容は、学習指導要領に示されています。

　これまで国語の授業の多くは、教科書を中心に行われてきました。教科書は、全国一律で、それぞれの学校の子供の実態に全て適応するのは難しいと思います。教育界では最近、「個別最適な学びと協働的な学びの一体的な充実」ということが言われております。「個別最適な学び」とは、一人一人の資質・能力や適性に合わせることですが、これまでも、一人一人を大切にする教育は多く行われてきてきました。それに加えて、学び手一人一人を切り離さず、協働的な学びを作り上げることが求められています。

　子供たち一人一人の国語の資質・能力は異なります。だからこそ、授業では一人一人の子供を意識し、それぞれに気を配ることが求められます。一度言えば理解できる子や数回繰り返す中で理解できる子など、様々な子がいる中で授業が行われます。

　そこで、授業づくりが重要となります。

　教科書の目次にしたがって行うこれまでの授業から、教室の目の前の子供の実態を基にした授業が行われなければならない時代となってきています。それは、子供の資質・能力の育成を、一人一人に寄り添って行うために不可欠だと思います。

　先にも述べたように、世界が大きく変わる中で、これまでの日本の授業のままでよいのかという外発的な要因も、COVID-19の流行を典型として派生しています。今、日本の学校教育を時代状況に合わせたものに転換しなければ、これからの日本は立ち行かなくなっていくのではないでしょうか。

　本書では、国語の授業のこれからを提案しています。先生方の国語の授業づくりの参考にしていただければ幸いです。

　　2021年7月

　　　　　　　　　　　　　　　　　　　　　　　　　　　　　　　　髙木展郎

CONTENTS

第 I 章

国語科に求められる新しい役割

第1節 「学力」ではなく、なぜ「資質・能力」なのか

1. 国語科はなぜ人気がないのだろう

　首都圏のある市では5年ごとに教育基本調査を実施し、結果を公表している。時代が加速度的に変化していく中、教育が何を目指そうとしているのか、児童生徒の意識はどう変化しているのかを知ることのできる、大変貴重な調査である。

　ところで、この調査には教科の好き嫌いを小学生に問う項目もあるのだが、一度を除いてずっと最下位の座に座り続けているのが国語科である。

　なぜ、国語科は人気がないのだろうか。

　大学生に、国語科について子供時代に思ったことを聞いてみたことがある。

　「何が正解かよく分からなかった」「テストで答えを×にされたが納得できなかった」

　これらは、唯一解がない場合においても、自分の考えが認められないことへの不満であろう。こうしたことは、私自身も子供時代に何度か感じてきたことである。多くの子供たちは、教科書や先生から一つの価値を押し付けられることに嫌気がさしているのだ。

2. 「私の本は読者の数だけある」

　「私の本は、読者の方が読んでくださって初めて完成します。だから、私の本は読者の数だけあります。」

　こうおっしゃったのは、児童文学者の今西祐行氏である。私はその言葉を、「読者は自分の経験と重ね合わせたり自分の感情を投入したりしながら本を読むので、たとえ同じ活字が並んでいるとしても、読み終えた時には読者だけの作品になっている」というような意味ではないかと捉えている。

　しかし、実際の授業の場ではどうだったであろうか。

　「この作品の主題は何か?」

　「この作品を通して、作者の言いたかったことは何か?」

　少し前までは、結構一般的な発問だった。こうした発問の背景には、「子供たちに授業として物語を読ませた以上、子供たちに何らかの価値を受け取らせなければならない」という、まことに教師らしい善意があるように思う。また、「この作品の主題は〜である」というようにまとめると授業が完結したように見え、先生自身が安心するという面があったのかもしれない。

　しかしながら、先に述べた今西祐行氏の例でも明らかな通り、作家は何かの主張を読者

に訴えるために作品を書いているとは限らない。もちろんそういう寓話的な作品もあるであろうが、多くの作家は、その解釈を読者に委ねているように思われる。

　宮沢賢治氏が生前出された唯一の童話集である「注文の多い料理店」の序文の一部を引用したい。

> （前略）ほんたうにもう、どうしてもこんなことがあるやうでしかたないといふことを、わたくしはそのとほり書いたまでです。
>
> 　ですから、これらのなかには、あなたのためになるところもあるでせうし、ただそれつきりのところもあるでせうが、わたくしには、そのみわけがよくつきません。なんのことだか、わけのわからないところもあるでせうが、そんなところは、わたくしにもまた、わけがわからないのです。（後略）

　この文章の意図を様々に深読みすることもできるであろうが、私は、書いてあるそのままに受け取りたいと思う。だからと言って、賢治作品の価値はいささかも損なわれない。いや、むしろ輝きを増すと言ってもいいであろう。なぜなら、「私は人にものを教えるために物語を書いたのではない」という、賢治の心の謙虚さを感じるからである。

　「分かる」を中心とした国語教育からの転換の必要性は、賢治がすでに提言していたとも言えそうである。

3.　「教科書を教えるのではない。教科書で教えるのだ」

　「教科書を教えるのではない。教科書で教えるのだ」とは先輩たちに教えていただいた言葉である。言い換えるなら、「教材そのものを理解することが本当の目的ではない。教材の学習を通して、学習指導要領の目標や内容を実現することが大切なのだ」ということになろうか。しかしながら、「作者の言いたかったことは何か」を考えさせるような授業は続いてきた。だからこそ、「何が正解かよく分からなかった」と感じた子供たちが多かったのではないか。

　こうした日本型の「読解」指導が見直されてきた理由の一つにOECD（経済協力開発機構）が2000年に初めて実施したPISA（生徒の学習到達度調査）の結果がある。

　参加31か国における平均得点の国際比較において、日本の子供たちは数学的リテラシー1位、科学的リテラシー2位という好成績を収めたにもかかわらず、読解力（リーディングリテラシー）においては8位という結果だったのである（なお、ここでいう読解力とは、「書かれたテキスト（図表も含む）を理解し、利用し、熟考する能力」であり、従来から国語教育の世界で使われてきた読解力とは内容が異なっていることを確認しておきたい）。

また、この PISA の読解力テストにおいて、特に話題となったのが日本の高校1年生の無答率の高さであった。

『贈り物』という文学作品の問題文は以下のようになっている。

> 『贈り物』の最後の文が、このような文で終わるのは適切だと思いますか。
> 　最後の文が物語の内容とどのように関連しているかを示して、あなたの答えを説明してください。

この問題に対する日本の子供たちの無答率が、40.7％と高い数字を記録したのである。OECD 平均も 20.8% と決して低くはないが、しかしそれでも日本の子供たちのほぼ半分である。なぜだろうか。

理由は様々考えられるが、その一つとして「作品の最後の文が適切かどうかを論じる」という設問に戸惑った生徒も多かったのではないだろうか。

今までの学校教育では、前提として教科書やテストに載る作品は素晴らしいものであり、そこからどれだけの価値を受け取るかが勉強である、と考えられてきた。しかし、この問題が求めているのは、批判的に考えること（クリティカル・シンキング）である。

教材の理解と受容を中心に学んできた子供たちは面食らったことであろう。それもまた、無回答が多い理由となったのではないか。

PISA や TIMSS（国際数学・理科教育動向調査）などの国際調査の結果から、日本の子供たちは、情報の受信力は高いが思考力や発信力が弱いとの指摘もある。それがこれからの教育の課題であると言えよう。

4.　知識中心主義の教育からの転換

「学校教育校門を出ず（学校で学んだことは社会に出てからは役に立たない）」などと揶揄されることがあった。それは、今までの学校教育が「過去の知識の伝達」を中心に進められていたからであろう。

しかし、知識の習得・再生を中心とした教育は、今こそ見直されねばならないであろう。理由はいくつか挙げられる。

1つには、知識というものは増え続けるものであり、さらに更新され続けるものであるからである。したがって、限られた授業時間の中で教え込むことは不可能であるし、また、たとえ教え込んだとしても、それがこれからの時代においてもそのまま使えるとは限らない。

2つには、インターネットの登場により、あらゆる知識へのアクセスが非常に簡単になったからである。もし必要な知識を忘れたら、あるいは分からないことに出合ったら、スマホやパソコンで調べればよいのである。すぐに、簡単に、そして大量の知識が提供さ

れる。

　3つには、知識というのは客体として存在するのではなく、学習者自身が作り上げていくものであるという、構成主義的な考え方が広がりを見せているからである。この考え方によれば、知識そのものが学び手によって異なるものとなる。

　そうした背景もあって、平成19（2007）年には学校教育法が改正され、学力の3要素として「基礎的な知識・技能」「思考力・判断力・表現力等」「主体的に学習に取り組む態度」が定義された。これは、知識中心主義からの転換を目指したものであるが、さらにその趣旨を明確にするために、平成29（2017）年告示の学習指導要領（以下、「平成29年版」）の本文においては「資質・能力」という言葉を用いることとなった。

　そして、資質・能力の3つの柱として、以下のように再整理された。

```
        ┌─────────────────────┐
        │ 学びに向かう力　人間性等 │
        ├─────────────────────┤
        │ どのように社会・世界と関わり、│
        │   よりよい人生を送るか    │
        └─────────────────────┘

      「確かな学力」「健やかな体」「豊かな心」を
           総合的にとらえて構造化

┌───────────────┐         ┌───────────────┐
│ 何を理解しているか │         │ 理解していること・ │
│  何ができるか   │         │ できることをどう使うか│
├───────────────┤         ├───────────────┤
│   知識・技能   │         │ 思考力・判断力・表現力等│
└───────────────┘         └───────────────┘
```

　学力という言葉には、どうしても知識中心の時代のイメージがまとわりついてくる。学力テスト、学力偏差値、そして学力低下などの言葉を聞くと「学力とは学校で育てる力」というイメージをもつ人が多いのではないか。しかしながら、これからの子供たちに育てたいのは、20年先、30年先の社会を生き抜く力である。「資質・能力」という言葉は教育の新しい方向性を象徴的に受け止める言葉と理解してよいのではないか。

第2節 「社会に開かれた教育課程」の実現のために、国語科はどこを見直すべきか

1. 学習指導要領の前文に書かれた「社会に開かれた教育課程」

　今回の改訂において、学習指導要領に初めて前文が設けられた。この前文には改訂の理念が示されており、もっとも重要な部分であると言えよう。その中に、以下のような記述がある。

> 　教育課程を通して、これからの時代に求められる教育を実現していくためには、よりよい学校教育を通してよりよい社会を創るという理念を学校と社会とが共有し、それぞれの学校において、必要な学習内容をどのように学び、どのような資質・能力を身に付けられるようにするのかを教育課程において明確にしながら、社会との連携及び協働によりその実現を図っていくという、社会に開かれた教育課程の実現が重要となる。

　この文章には3つの内容が含まれていると言えよう。
　①どのような教育を行うかという理念を、学校と社会が共有すること
　②これからの社会を生きる資質・能力の育成という視点から教育課程を編成すること
　③地域の教育資源なども活用しながら、社会と連携・協働して教育に当たること

　「地域に開かれた教育課程」の実現は平成29年版の目玉の一つであり、学校運営や組織の在り方、また地域との協力・連携体制の構築を含む、きわめて幅広い概念である。
　しかしながら本書は国語について論じるものであるから、国語科の授業づくりとの関連に絞って考察したい。

2. 国語科の授業における「社会に開かれた教育課程」

　平成29年版の前文に掲げられているということは、国語においても意識してその実現を図っていかなければならないわけであるが、実際にはどうだったろうか。

①どのような教育を行うかという理念を、学校と社会が共有すること

　国語科の授業の予定などは、学年便りなどで知らせることが多い。しかしそこに書かれているのは教材名だけという場合も少なくない。だから、『ごんぎつね』を学習することは伝わるが、『ごんぎつね』の学習を通して、子供たちにどのような資質・能力を育成しようとしているのかは伝わりにくい。

　これは子供たちに対しても同様である。「今日から『ごんぎつね』だよ」「今日で『ごんぎつね』は終わりだよ」と伝えるだけでなく、例えば、「場面の移り変わりと結び付けながら、ごんや兵十の気持ちの変化を読み取ろう」のように、単元を通してどんな力を付けていくのかを伝えておくべきであろう。

　学校としての教育理念を伝えることが重要なのは言うまでもないが、このように一つ一つの授業においても何を目的として行っているかを示す必要があるのではないか。また保護者や地域は、そういう具体を通して学校への理解を深めていってくれるのではないだろうか。

②これからの社会を生きる資質・能力の育成という視点から教育課程を編成すること

　社会に開かれた教育課程の考え方の根底にあるのは、生涯学習の視点であると考える。国語科を含め、今までの学校教育はその子の生涯を支えるものになっていなかったのではないかという反省に立って、これからの教育を見直すことが求められているのではあるまいか。

　国語を学ぶことが、その子の生涯を支えるものになるためには何が大切なのだろうか。

　まずは国語科と社会との距離を縮めることではないか。例えば、読書力はその子の生涯を支える力になろう。だとするなら、学校で物語文や説明文を扱う場合でも、それが進んで読書することにつながらなければならないだろう。教材文を細切れにして学ぶようなことの繰り返しでは、読書力の向上には結び付きにくいのではないか。

　また、コミュニーション能力は社会生活を支える上で最も重要な能力の一つであり、それを支えるのは言語能力である。だとするなら、言語の教育である国語科の学習を通してコミュニケーション能力を育成することも求められるだろう。教師だけがしゃべっている授業や子供が教師とだけ対話しているような授業では、コミュニケーション能力の育成は望めない。

　さらに、将来、子供たちは多様なテキストに接するであろうし、自らも様々な資料等を作成するようになるだろう。だとするなら、国語科の学習の中でも図表を含め、多様な文種に接することが求められるだろう。

　なお、国語科では、平成29年版国語の〔思考力、判断力、表現力等〕の内容（1）に掲げられた事項を、内容（2）の言語活動を通して指導することとなっている。（ただし、学習指導要領の内容（2）はあくまでも例であり、言語活動はこれ以外にもいろいろ考えられる）

　言語活動が重視されることによって、受信型の学びからアウトプットを中心とした学びへの変換が図られやすくなり、社会生活においても生きて働くような言葉の力の育成が期待される。多様なパフォーマンス能力の育成は、国語科の大切な務めである。

③地域の教育資源なども活用しながら、社会と連携・協働して教育に当たること

　地域人材を含む地域の教育資源の活用という面では、国語科はあまり進んでいないように見える。それは、教科書への依存度が高いことも一因であろう。全国共通の教科書を使っていては、地域の教育資源は活用しにくいからであるが、このことについては第4節で詳しく書く。

3.　社会の変化に国語科はどう対応していくか

　教授行為あるいは授業という言葉には、「さずける」という意味の「授」という言葉が使われている。しかし、正確な知識であればAIにかなわず、また価値観が多様化している現代において、「子供に何かを授けていく」という発想は少し控えめに考えた方がいいのかもしれない。もちろん、今も昔も「教える」ことは大切である。しかし、先にも書いた通り知識の伝達には限りがあるし、そもそも教師はいつまでも子供たちの傍にいて教えてあげるわけにはいかない。また、今の私たちは、子供たちがこれからの人生の中で出合うであろう問題については想像さえできなくなっている。

　したがってこれからの時代を生きる子供たちに育てておきたいのは、どんな問題に出合っても逃げ出さず立ち向かう、問題発見・解決能力であると思われる。それも、できれば様々な情報を最大限活用するとともに、周囲の人と連携・協働して立ち向かう力であることが望ましい。社会に開かれた教育課程の実現は、そのような能力の育成に機能するのではないか。

　このほかにも国際人となるためには日本の文化や伝統を知ることが大切になるだろう。そのように考えていくと、国語科の担う役割は拡大する一方のようにも思われる。だからこそ、国語科だけで解決しようとしないことが大切なのではないか。

　「一人の子供を育てるには一つの村が必要」とはアフリカのことわざだそうだが、ここでいう「一つの村」というのは単にたくさんの村人という意味ではなく、村という組織であり、文化であり、伝統であり、そこに集う人々の全てであろう。このことわざを基に子供たちの言語力について言えば、国語科だけでなく全ての教科において、否、カリキュラム全体において組織的かつ計画的に、また共通の目標をもった教職員と子供たち、そして保護者や地域住民の手によって言語力は育成していくべきものであろう。

　国語、社会、算数、理科 …… というように、私たちは今までは国語科を、横に並んだ教科の一つとして捉えてきた。しかし全教育課程で育成すべき言葉の力を育てることの中心が国語科であるならば、それは「特別の教科　道徳」と全教育課程を通して行う道徳教育との関係のように、カリキュラム全体の中で捉え直すことが必要なのかもしれない。

　いずれにしろ、時代や社会が大きな変化を続けている今、国語科もまた大きく変化していくことが求められている。

第3節　カリキュラム・マネジメントに基づく国語科の授業づくりとは

1. カリキュラム・マネジメントとは何か

　先の章では、言葉の力を育てるためには学校教育全体（地域連携も含む）で育てることが大切ではないかと述べた。その実現に向けた鍵を握るのがカリキュラム・マネジメントである。

　カリキュラム・マネジメントとは何か。平成28（2016）年の中教審答申「幼稚園、小学校、中学校、高等学校及び特別支援学校の学習指導要領等の改善及び必要な方策等について」（平成28年12月21日、以下「28答申」）では以下のように説明されている（p.23）。

　教育課程とは、学校教育の目的や目標を達成するために、教育の内容を子供の心身の発達に応じ、授業時数との関連において総合的に組織した学校の教育計画であり、その編成主体は各学校である。各学校には、学習指導要領等を受け止めつつ、子供たちの姿や地域の実情等を踏まえて、各学校が設定する学校教育目標を実現するために、学習指導要領等に基づき教育課程を編成し、それを実施・評価し改善していくことが求められる。これが、いわゆる「カリキュラム・マネジメント」である。

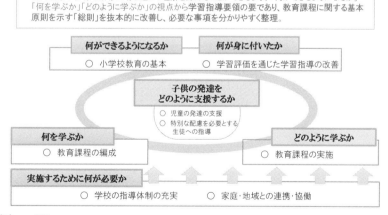

28答申、p.442

子供たちは、どの地域、どの家庭に生まれ育っても、教育上の差別を受けることなく教育を受ける権利があり、それを実現する手立ての一つが学習指導要領である。しかしながら、子供たちの実態も異なり、学校規模や施設も異なり、地域の教育資源も異なるにもかかわらず全く同じ教育が行われるなら、子供たちがわざわざ学校に通う意味も希薄になってしまう。学校の特色を生かし、子供や地域の実態を反映した教育が求められている。

　カリキュラム・マネジメントとは、基準としての学習指導要領に「子供たちの実態」や「家庭・地域の特色」「教職員の工夫」などの具体を加味して、よりよい学びを生み出すこと、つまり、学校がもっているヒト・モノ・コトを生かして、特色ある教育課程を創造することであると捉えてはどうであろう。つまり、学習指導要領に学校の「強み」を加えていくという考え方である。

2.　教科等横断的な視点

　ところで、カリキュラム・マネジメントというのは新しい言葉ではない。ただ、28答申で注目すべきは、「教科等横断的な視点」という言葉が、カリキュラム・マネジメントの3つの視点の最初に掲げられたことであろう（pp.23-24）。

①　各教科等の教育内容を相互の関係で捉え、学校の教育目標を踏まえた教科横断的な視点で、その目標の達成に必要な教育の内容を組織的に配列していくこと。

②　教育内容の質の向上に向けて、子供たちの姿や地域の現状等に関する調査や各種データ等に基づき、教育課程を編成し、実施し、評価して改善を図る一連のPDCAサイクルを確立すること。

③　教育内容と、教育活動に必要な人的・物的資源等を、地域等の外部の資源も含めて活用しながら効果的に組み合わせること。

　「教科等横断的な視点で」とあるが、それを言葉の力を育てていくことに限定して見直したとき、どのようなことだろう。戦後のカリキュラムの変遷にも着目しながら考えてみたい。

　第2次世界大戦後しばらくの間、日本の学校教育はアメリカの影響を強く受け、ジョン・デューイに代表される経験主義教育や単元学習が行われていた。他教科と複合したコアカリキュラムなどの実践も活発に行われたと聞く。しかし、「這い回る経験主義」という言葉の出現が象徴するように、活動こそ活発になるが学問体系としての知識等の習得が不十分なのではないかという批判が湧き起こり、昭和33（1958）年の学習指導要領の改訂により大きな転換が行われた。昭和33年に教育課程審議会から出された「小学校・中学校教育課程の改善について（答申）」には、次のような叙述がある。

> 各教科間の不要の重複を避け、目標、内容を精選して、基本的事項の学習に重点をおくとともに、各学年における指導の要点を明確にし、教育の能率化を図ること。

いわゆる系統主義教育の始まりである。

しかし、言葉の力を育てるという視点から観ると、次第に縦割り的な指導の弊害も見えてきた。

言葉の力が、国語科の時間を充実させていくだけで育つのであろうか。

そうした問いに対する答えの一つが、昭和52年告示の学習指導要領であったと思う。総則の中に次のような文言が記されていたのだ。

> 学校全体における言語環境を整え、児童の言語活動が適正に行われるように努めること。

「言語環境の整備」という言葉の意味するものが当時はよく分からず、私が勤務していた川崎市においても、「言語環境の整備」をテーマに教科を横断した特別の研究会が立ち上がり、私も参加した。私が、言葉の力はカリキュラム（体系的に整備された以外の「隠れたカリキュラム」を含む）全体で育てなければならないと考えるようになったのはこの頃からであったと思う。

その後、教育界を大きく揺るがす出来事があった。先に述べたPISA調査における「読解力」の低迷である。

これを契機として国語の力の育成が叫ばれるようになった。そして、全教育課程における言語の教育の大切さを確認したのが、平成16（2004）年2月3日に出された文化審議会答申「これからの時代に求められる国語力について」である。

答申は家庭や社会における国語教育の重要性を述べた後、学校教育における国語教育について、次のように述べている。(p.15)

> 学校教育においては、国語科はもとより、各教科その他の教育活動全体の中で、適切かつ効果的な国語の教育が行われる必要がある。すなわち、国語の教育を学校教育の中核に据えて、全教育課程を編成することが重要であると考えられる。その際には、国語科で行うべきことと他教科で行うべきこととを相互の関連を踏まえて整理していくこと、学習の進度についても様々な子供たちが存在しているという現実を踏まえること、学習の目的を明確にした上で子供たちの意欲を喚起させるような在り方を考えることが必要である。

何かを考えたり感じたり想像したり、また誰かとコミュニケーションしたりするときには全て言葉を使っているわけであるから、一週に数時間しかない国語の授業だけが言葉の

教育の場でないことは自明の理であった。

　その後、平成20（2008）年の中教審答申において「各教科等における言語活動の充実」が打ち出された。そこには、「今回の学習指導要領の改訂において各教科等を貫く重要な改善の視点である」との考え方が示されており、それは現在に至るまで引き継がれている。

　各教科等における言語活動の充実は〔思考力、判断力、表現力等〕の育成を目指したものではあったが、同時に言語能力の育成も目指したことは平成20年の答申の記述からも明らかである（p54）。

> ○　なお、このように各教科等における言語活動を行うに当たっては、これらの学習活動を支える条件として次のような点に特に留意する必要がある。
>
> 　第一は、語彙を豊かにし、各教科等の知識・技能を活用する学習活動を各教科等で行うに当たっては、教科書において、このような学習に子どもたちが積極的に取り組み、言語に関する能力を高めていくための工夫が凝らされることが不可欠である。また、特に国語科においては、言語の果たしている役割に応じた適切な教材が取り上げられることが重要である。
>
> 　第二に、読書活動の推進である。言語に関する能力をはぐくむに当たっては、読書活動が不可欠である。学校教育においては、例えば、国語科において、小学校では、児童が日常的に読書に親しむための指導内容を、中学校においては生徒の読書をより豊かなものにするための指導内容をそれぞれ位置付けるなど、各教科等において、発達の段階を踏まえた指導のねらいを明確にし、読書活動を推進することが重要である。もちろん、読書習慣の確立に当たっては家庭の役割が大きい。学校、家庭、地域を通じた読書活動の一層の充実が必要である。
>
> 　第三は、学校図書館の活用や学校における言語環境の整備の重要性である。言語に関する能力の育成に当たっては、辞書、新聞の活用や図書館の利用などについて指導し、子どもたちがこれらを通して更に情報を得、思考を深めることが重要である。また、様々なメディアの働きを理解し、適切に利用する能力を高めることも必要である。

　平成29年版も、このような流れの中にあることは、28答申の文章に明確に示されている（p.36）。

> ○　言語能力は、こうした言語能力が働く過程を、発達段階に応じた適切な言語活動を通じて繰り返すことによって育まれる。言語活動については、現行の学習指導要領の下、全ての教科等において重視し、その充実を図ってきたところであるが、今後、全ての教科等の学習の基盤である言語能力を向上させる観点から、より一層の充実を図ることが必要不可欠である。

そして、平成29年版においてはさらに、総則「第2　教育課程の編成　2教科等横断的な視点に立った資質・能力の育成」の中に次のような言葉が盛り込まれている。

> 各学校においては、児童の発達の段階を考慮しつつ、言語能力、情報活用能力（情報モラルを含む。）、問題発見・解決能力等の学習の基盤となる資質・能力を育成していくことができるよう、各教科等の特質を生かしつつ、教科等横断的な視点から教育課程の編成を図るものとする。

ここにも言語能力の育成が明記されている。言葉の力は国語の時間だけでは育たないし、また育てようとしてもいけない。

言語能力の育成は、教育課程全体のつながりの中で、また家庭や地域との連携の中で育成すべきものなのである。

言葉の力が育つ場を図示してみると、次のようになろうか。

【言葉の力が育つ場】

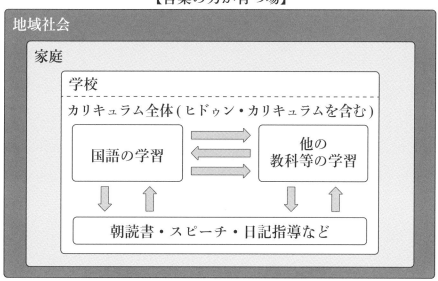

3.　大きな目と小さな目

「教科等横断的な視点」という言葉が引き金となって、「国語と総合的な学習の時間の関連を図る」など、教科間を結び付けるような実践例が多数生まれている（上の図で言えば、「国語の学習」⇔「他の教科等の学習」の部分）。

ここで気を付けたいのは、教科横断的な学びは資質・能力の育成に機能するべきもので

あって、単にテーマを関連させればよいというものではないことである。例えば、国語と総合的な学習の時間において環境問題で関連を図るとして、「ただ、どちらも環境をテーマにしました」だけでは不十分である。総合的な学習の時間での探究活動の成果を生かして国語科で説明文を書く、国語科で説明文を書くことによって総合的な学習の時間の活動を見直したり価値付けたりしていく。このような互恵的な関係がなければ関連させる意味は薄い。しばしば単元配列表の異教科の単元を、テーマが同じであるからという理由だけで線で結んでいる例を見るが、関連させることがそれぞれの教科等の資質・能力の育成に寄与するものかどうかの吟味が重要である。

　なお、教科間を結ぶこうした取組も大切ではあるが、それが「教育課程全体を通して言語能力を育成する」という視野を覆い隠すことのないように心がけたい。もっとも重要なのは、言語能力などの資質・能力は教育課程全体を通して育成するということである。

　教科等を結び付けることに目を向けることを「小さな目」と例えるなら、もっと大切なのは教育課程全体を視野に入れて言語能力を育成するという「大きな目」をもつことである。

教科書カリキュラムからの転換

1. 学習指導要領の再整理

　平成29年版の特色の一つは、教育課程企画特別部会を設置し、学習指導要領全体の方向性を明らかにした上で教科等部会を設置し、各教科等の在り方を検討してきたことにあると言われる。つまり、総論的な考え方をある程度固めてから各論に入ったわけで、考えてみれば当然のことでもある。平成29年版解説国語編の「育成を目指す資質・能力の明確化」という項には次のように記されている（p.3）。

> 　今回の改訂では、知・徳・体にわたる「生きる力」を子供たちに育むために「何のために学ぶのか」という各教科等を学ぶ意義を共有しながら、授業の創意工夫や教科書等の教材の改善を引き出していくことができるようにするため、すべての教科等の目標と内容を「知識及び技能」、「思考力、判断力、表現力等」、「学びに向かう力、人間性等」の三つの柱で再整理した。

　ところで、ここには、「授業の創意工夫や教科書等の教材の改善を引き出していくことができるようにするため」とあるが、教科書は変わったであろうか。

　手元にある国語教科書の「平成27年度版」と「令和2年度版」を比べてみたが、実感としては通常の改訂以上の変化は感じられなかった。これには無理のない一面もある。学習指導要領の改訂が平成29年3月であるのに対し、教科書の最初の検定提出が平成29年4月（最終検定は平成31年2月）であったため、検討する時間が十分にはとれなかったと思われるからである。そこで、平成29年版に沿った国語教育の創造に当たっては、「授業の創意工夫」が欠かせないことになる。

2. 教科書カリキュラムからの転換

　かつて、こんな経験をしたことがある。

　ある学校の校内研究会の講師に呼ばれたときのことである。学習指導案が子供の実態も授業の実際も反映していないように思えたので指摘をしたところ、「指導書に書いてある通りです」という答えが返ってきたのだ。私の考え過ぎかもしれないが、「教科書会社の指導書に書いてあるのだから絶対に正しい」と言っているようにも聞こえた。

　先に、これからはクリティカル・シンキング（批判的思考）が大切になるのではないか

と書いたが、学校にはまだまだ教科書や指導書をクリティカルに見ようとしない傾向も見られる。しかし、時代の変化のスピードに教科書は追いついていけないし、指導書は単なる一例を紹介したものに過ぎない。だからこそ、「授業の創意工夫」が求められるのである。

3. 教科書には、教科書ゆえの限界がある

　教科書が中心的な教材であることは間違いない。しかし、それがすべてではない。平成29年版国語の「第3　指導計画の作成と内容の取扱い」では、次のような記述がある。

> 3　教材については、次の事項に留意するものとする。
> （1）教材は、話すこと・聞くことの能力、書くことの能力及び読むことの能力などを偏りなく養うことや読書に親しむ態度の育成を通して読書習慣を形成することをねらいとし、児童の発達の段階に即して適切な話題や題材を精選して調和的に取り上げること。また、第2の各学年の内容の「A話すこと・聞くこと」、「B書くこと」及び「C読むこと」のそれぞれの（2）に掲げる言語活動が十分行われるよう教材を選定すること。

　この「選定すること」の主語は学校（教師）である。
　もちろん、実際の教材選定にあたっては教科書が中心となろう。教科書には優れた教材が多く採用されているし、教科書の指示に従って学習を進めていけば、学習指導要領にある指導「事項」を落ちなく扱うことができる。また、学習指導要領に例示されている言語活動もすべて取り入れることができるし、漢字なども漏れなく指導することが可能となる。しかし、それだけで生きて働く言葉の力が育つのだろうか。
　国語科の教科書は、全国一律の内容である。そこに教科書の限界がある。
　前節でカリキュラム・マネジメントについて論じた時、各学校では学習指導要領を基にしつつ、子供たちの実態や学校・地域の特色に応じた教育が求められていることを述べた。しかし、全国一律の教科書に頼り切っているとその実現は難しいのである。
　教科書では実現しにくい学習活動を挙げてみよう。

○子供たちは地域に生まれ育っているにもかかわらず、地域を題材にしたり、地域の教育資源を活用したりした授業が行いにくい。それは、社会に開かれた教育課程が実現しにくいということも意味している。
○学校の特色を生かしたり、学校行事などと関連させたりすることが難しい。特に「書くこと」「話すこと・聞くこと」などの学習においては、相手意識や目的意識が大切になる。学校行事の案内を書く、他学年の児童や地域の人にインタビューするなどの学習活動は教科書では指示しにくい。

○児童の実態や学級の規模などにあった学習活動が難しい。全国にはグループ学習ができない規模の学校もあるし、特別な支援を必要とする児童が多い学級もある。そうした事情は教科書には反映できない。

○他の教材を活用することが難しい。先にも「教科書を教えるのではなく、教科書で教えるのだ」と書いた。つまり、目標とする資質・能力の育成に適した教材があればそれを用いることが望ましいが、教科書中心に進めていくとそういう授業が実現しにくくなる。

○他教科等との関連を図ることが困難である。教科によって教科書の出版社が異なっているので、一般的に教科書においては、他教科等との関連は考慮されない。

○教科書では薄さが求められるため、子供たちは6年もの間、長編に触れることがない。物語を本屋さんの棚で探すとき、見つかるのは短編より長編の方が多いのではないだろうか。しかし、教科書には紙数の制限ゆえか、長編は載っていない。

　教科書教材を中心教材として扱うことはもちろんであるが、その教材で何を教えるか、そのために教材をいつ、どのように扱い、どんな学習活動を工夫するかを考える。そして時には教材開発にもチャレンジしていく。そうした教師の取組こそが生き生きとした授業を生み出していくのではないだろうか。

　自分なりの工夫が成果を挙げたとき、教師は大きな喜びを感じるし、たとえうまくいかなかったとしても、そこから学ぶことは多い。それは、授業というものが本来、創造的な営みであるからだろう。教科書会社の指導書に書いてある通りに授業を行ったとして、それがうまくいったとしてもそれは指導書がよくできているせいかもしれないし、もしうまくいかなかったとしたら、それは指導書が悪いのかもしれない。そんな風に考えてしまったら、授業する喜びは味わえないであろう。日々、明日の授業に追われる現実はあるが、その中でも大小様々な工夫を試みる余地は必ずあると思う。そして、そうした工夫の積み重ねこそが、教師の授業力を高めていくのであろう。

4.　年間指導計画の作成

　小学校は、一人の教員が教える教科数が多いだけに、年間指導計画を一から作り上げることは難しい。現実には、教科書会社の年間指導計画に依存せざるを得ない部分もあるだろう。しかし、だからこそ、できる範囲において、目の前の子供たちのために学校独自の教育課程を作り上げていくことが大切なのではないだろうか。

　学校が一つのチームとなり、その学校だけの年間指導計画を作り上げていく。それは、教師が「主体的・対話的」に学ぶ姿そのものでもあるだろう。

　最後に、本書の著者の一人でもある髙木展郎が作成した年間指導計画の例を紹介したい。比較的、作成の手間が少なく、しかも使いやすいと思うのだが、いかがであろうか。

「国語」の年間指導計画

時期（月）（週）	指導時間数 全体の指導時数	話すこと・聞くこと	書くこと	読むこと	単元名	単元で育成すべき資質・能力（単元の学習内容）	単元の評価規準	評価方法	学習活動	教材名	学習指導要領「2内容」思考・判断・表現	各教科等横断的な視点
					「単元名」には、教材名ではなく、この単元で主として育成すべき資質・能力の内容を示す。	学習指導要領国語に示されている「2内容」の指導「事項」から、当該単元の学習で育成を目指す「事項」を選択して転記する。※なお「学びに向かう力・人間性等」については記載しない。	「単元の学習内容」として取り上げた学習指導事項を、具体的な「単元の評価規準」として示す。①と②については〈文末表現を〜〉いるとする。③は各学校の生徒の実態に合わせて作成する〈文末表現は〜しようとして〉いるとする。	評価方法は、行動や記述を、①観察・点検 ②確認 ③分析 から評価する。	この年間指導計画で示す学習活動は、単元全体の中での主たるものとする。この「学習活動」の欄には、[単元の評価規準]に示した[①知識・技能][②思考・判断・表現][③主体的に学習に取り組む態度]で評価する資質・能力を評価するための具体的な活動を絞って示す。	この単元で用いる具体的な教材名を示す。	「2内容」の言語活動例における具体的な言語活動を取り上げ、記述する。	横断的な視点に立った資質・能力の育成に関わる他教科等との関連を示す。（空欄も可）
4月上旬						① 知識及び技能 ② 思考力、判断力、表現力等	① 知識・技能 ② 思考・判断・表現 ③ 主体的に学習に取り組む態度					
4月中旬						① 知識及び技能 ② 思考力、判断力、表現力等	① 知識・技能 ② 思考・判断・表現 ③ 主体的に学習に取り組む態度					
3月下旬						① 知識及び技能 ② 思考力、判断力、表現力等	① 知識・技能 ② 思考・判断・表現 ③ 主体的に学習に取り組む態度					
指導時数の合計												

第 II 章

国語科における
「主体的・対話的で深い学び」

第1節 「主体的・対話的で深い学び」が求められる背景

1. アクティブ・ラーニングから「主体的・対話的で深い学び」へ

　「何ができるようになるか」（育成すべき資質・能力）を考えるためには、同時に「何を学ぶか」（学習内容）と「どのように学ぶか」（学び方）を考えていく必要がある。

　平成29年版の方向性として、28答申に示されたのが次の図である。

学習指導要領改訂の方向性

新しい時代に必要となる資質・能力の育成と、学習評価の充実

学びを人生や社会に生かそうとする
学びに向かう力・人間性の涵養

生きて働く**知識・技能**の習得

未知の状況にも対応できる
思考力・判断力・表現力等の育成

何ができるようになるか

よりよい学校教育を通じてよりよい社会を創るという目標を共有し、
社会と連携・協働しながら、未来の創り手となるために必要な資質・能力を育む
「社会に開かれた教育課程」の実現

各学校における「カリキュラム・マネジメント」の実現

何を学ぶか	どのように学ぶか
新しい時代に必要となる資質・能力を踏まえた教科・科目等の新設や目標・内容の見直し	**「主体的・対話的で深い学び」（アクティブ・ラーニング）の視点からの学習過程の改善**
小学校の外国語教育の教科化、高校の新科目「公共」の新設など 各教科等で育む資質・能力を明確化し、目標や内容を構造的に示す **学習内容の削減は行わない**※	生きて働く知識・技能の習得など、新しい時代に求められる資質・能力を育成知識の量を削減せず、質の高い理解を図るための学習過程の質的改善 

※高校教育については、些末な事実的知識の暗記が大学入学者選抜で問われることが課題になっており、
　そうした点を克服するため、重要用語の整理等を含めた高大接続改革等を進める。

　図にも表記されているように、「どのように学ぶか」については、「主体的・対話的で深い学び」（アクティブ・ラーニング）の視点からの学習過程の改善を求めていることが分かる。

　中教審答申「新たな未来を築くための大学教育の質的転換に向けて」（平成24年8月28日）には、次のような記述がある（p.9）。

　生涯にわたって学び続ける力、主体的に考える力を持った人材は、学生からみて受動的な教育の場では育成することができない。従来のような知識の伝達・注入を中心とした授業から、教員と学生が意思疎通を図りつつ、一緒になって切磋琢磨し、相互に刺激

を与えながら知的に成長する場を創り、学生が主体的に問題を発見し解を見いだしていく能動的学修（アクティブ・ラーニング）への転換が必要である。

　初めは大学の教育改革の決め手として登場したアクティブ・ラーニングという言葉が瞬く間に小学校にも広がっていったのは、小学校においてもそのような学びが十分ではない現状があったからである。大学の講義とまでは言わないものの、全員が黒板の方向に机を向け、黙って教師の話を聞いている、あるいは板書をノートに書き写している。
　そのような授業風景は珍しいことではなかった。45分間じっと姿勢を正し、ほとんど声を発することもない時間が終わるや否や、大きく伸びをして「はぁ」とため息をつく子供を見ることもあった。教師は予定した内容を伝えることに終始し、子供たちはじっと耐える。他教科に比べて圧倒的にアクティブではない学習が国語では行われていた。
　大学生においては学び合う場の設定が重要であり、そこから何を学び取るかはある意味、学生の自己責任であると言えることを考えると、「アクティブ・ラーニング」でよかったかもしれない。しかし、これが小学校にまで広がっていったとき、「活動あって学び無し」に陥りはしないか、との心配の声が聞かれたことなどもあり、「深い学び」という言葉が付け加えられたのではないかと推察できる。確かに「アクティブ・ラーニング」という言葉だけが独り歩きし、資質・能力を育成することを後回しにして安易にペア学習やグループ学習を行わせる授業が、学習指導要領の移行期に急激に増えたようにも感じる。
　また、当初は「アクティブ・ラーニング」を指導方法として論じている例も多かったが、徐々に学習過程や授業の「改善の視点」として明確化されてきた。このことはとても重要なことである。なぜなら、例えグループ活動を取り入れたとしても、子供たちが主体的に参加していないのなら能動的な学習にはなり得ないし、一方、積極的に参加していたとしても他者の話に耳を傾けようとしていないなら、やはりこれも能動的とは言えないからである。

2. 「主体的・対話的で深い学び」とは何か

　それでは、その「主体的・対話的で深い学び」とは何か。28答申には次のように書かれている。P.49〜50から抜粋して引用する。

① 　学ぶことに興味や関心を持ち、自己のキャリア形成の方向性と関連付けながら、見通しを持って粘り強く取り組み、自己の学習活動を振り返って次につなげる「主体的な学び」が実現できているか。
② 　子供同士の協働、教職員や地域の人との対話、先哲の考え方を手掛かりに考えること等を通じ、自己の考えを広げ深める「対話的な学び」が実現できているか。

③ 習得・活用・探究という学びの過程の中で、各教科等の特質に応じた「見方・考え方」を働かせながら、知識を相互に関連付けてより深く理解したり、情報を精査して考えを形成したり、問題を見いだして解決策を考えたり、思いや考えを基に創造したりすることに向かう「深い学び」が実現できているか。

「主体的な学び」について注意しておきたいのは、単に学ぶことに興味や関心をもつことではないということである。教師が一方的に指示したことに対しても、多くの子供たちは興味や関心をもって取り組む。しかしこれは、積極的ではあっても、主体的とは言えない。時々「主体的に学習させるには、3次に『○に発表しよう』『○○を作って紹介し合おう』といった言語活動を設定しなければいけない」、あるいは「言語活動に向かわせないと子供たちは見通しがもてない」という声を聞くことがあるが、それは間違いである。言語活動は資質・能力の育成のための手段である。子供たち自らが資質・能力の育成に向けて、見通しをもったり振り返ったりしながら自らの学習を調整していくこと、それが大切なのである。

「対話的な学び」については、アクティブ・ラーニングで言われていた「協働的な学び」に比べ、学び合いの対象が広がった。対話の対象となるのは、他者（友達や先生）はもちろん、手にしている教材や資料、その作者や筆者もが含まれる。

「対話的な学び」は、自分の考えを他者の考えと照らし合わせることによって、自分自身の考えを広げたり深めたりすることに機能する。また、友達の考えを聞くことは、主体的に学んでいこうという意欲にもつながる。そう考えると、自分を豊かにしてくれる他者の声は教師（授業者）に限定されるべきではない。学級の友達はもちろんのこと、異学年の友達や保護者、地域の人たちなど多様であってよいし、積極的にそうした声を入れるべきだと考える。なぜならば、「さすが、6年生だな」とか、「大人はそういう風に考えているのか」などと、様々な人の考えを自分の考えとすり合わせて考える経験は、子供たちの生き方を支える大きな力になるに違いないからである。

「深い学び」については後から出てきたこともあって少し分かりづらいところがあるが、主体的・対話的な学びの過程において、言葉や文脈に着目し、思考・判断・表現しながら、将来においても必要な資質・能力を確実に身に付けていくということであろう。「深い学び」だけを取り出して論じているものを読むこともあるが、「『主体的な学び』『対話的な学び』『深い学び』の三つの視点は、子供の学びの過程としては一体として実現されるもの」（28答申　p.50）であることから、あまり適切ではないだろう。

国語科で考えれば、「やまなし」（宮沢賢治）の内容を理解したり作者（宮沢賢治）の生き方を理解したりするのが目的ではなく、「やまなし」を材料にして、「やまなし」で使われている言語の働きや表現の効果に着目しながら、主体的・対話的に学ぶことにより、学習指導要領に示された指導「事項」を確実に育成していくということである。

例えば、「やまなし」（宮沢賢治）を読み、「なぜ『5月』と『12月』の2枚の幻灯なの

か」という問いをもった子供が、それを友達と対話しながら追究していく過程には、「なるほどそうか」と思ったり、「いや、こうも考えられないか」と新たな疑問をもったりするはずである。生涯学習という視点で考えたとき、「やまなし」という作品を知っていることよりも、言葉の力を高めておく、言葉について考えられるようにしておくことは、はるかに大切なのである。

3. 「主体的・対話的で深い学び」は単元で実現する

　「主体的・対話的で深い学び」の実現は単元を通してこそ実現されるものであり、このことについて、28答申では次のように述べている（p.52）。

　○　また、「主体的・対話的で深い学び」は、1単位時間の授業の中で全てが実現されるものではなく、単元や題材のまとまりの中で、例えば主体的に学習を見通し振り返る場面をどこに設定するか、グループなどで対話する場面をどこに設定するか、学びの深まりを作り出すために、子供が考える場面と教員が教える場面をどのように組み立てるか、といった視点で実現されていくことが求められる。

　以前は、授業を1時間単位で考える傾向が強くあった。学習指導案には「本時案」だけが示され、1時間の中で「導入→展開→まとめ」の全ての過程を行うことが求められた。しかし、今は単元のまとまりの中で、単元の評価規準に示した資質・能力を着実に身に付けることが求められている。実際に、単元の始めのうちはぼんやりとしていた子供の考えは、友達との交流を重ねるうちに広がったり深まったりする。「子供の学習ノートに書かれる振り返りの内容が変わってきた」といったこともよく見られることだ。
　また、上記の文の中にある、「教師が教える場面」という言葉にも注目したい。「主体的・対話的で深い学び」というとすぐに子供同士が学び合っている場面を想像しがちであるが、「深い学び」の実現には教師が教える場面も大切であることを確認したい。

4. 「主体的・対話的で深い学び」が今までになかったということではない

　「主体的・対話的で深い学び」という言葉は新しいが、実質的な面においてそういう学習が今までに行われてこなかったということではない。多くの学校の研究主題には、「一人一人の」や「個に応じた」という言葉を入れ、子供を主体にした指導法の在り方について長く検証されてきた。そして、多くの学校で話題にしていたのは「教師による一方的な教え」からの脱却であり、「子供たち一人一人の思いを大切にした授業」についてであっ

た。

　そう考えると、今までの教育実践が全面的に否定されるわけではない。過去の財産を生かしつつも、時代の変化の中で、どのように学習過程を改善し、どのような授業を作り出していくのか、そのキーワードになるのが「主体的・対話的で深い学び」という言葉であろう。

　ただし、従来は学校の中にいる経験豊かで優れた指導技術をもった限られた教師だけがそれを実現していたという事実は否めない。また、そういった教師のクラスだけが文学教材に10数時間もの時間を費やして授業が行われ、他のクラスは形式的な授業を行っていたなどということも珍しくなかった。しかし、「主体的・対話的で深い学び」は、一教科の一単元で実現されるものではない。全ての教科における授業改善の視点であるとともに学習評価の在り方にも関わっている。学校目標達成に向け「チーム学校」として全職員が気持ちを一つにして実践してこそ意味を成す、ということを最後に加えたい。

第2節 国語科における授業改善の視点

1. 読解中心の文学的文章の授業からの転換

　読みの授業は教科書に掲載された作品を教材として扱うことがほとんどである。その教材のいくつかは、改訂が繰り返されても掲載が続き、「〇年生の定番教材」として位置付けられている。特に文学教材は説明的な文章に比べて掲載が長期化する傾向があり、教師の中には「子供の頃に学校で読んだことがある」という話をする者もいる。

　作品が長期的に掲載されるということは、それだけ教材としての価値が高く、教育現場からの評価が高いということが言える。また、一度でも扱ったことがある教材で授業できるとなれば、教える側も多少なりとも自信をもって子供の前に立てる。さらに、長期的に掲載された教材の多くは、授業研究会で公開されたり実践集に掲載されたりする機会も多い。したがって、教材研究に必要な情報を多く得てから授業に臨めるのだ。

　しかし、そういった経験や知識だけに頼り、過去の指導方法をそのまま目の前の子供たちに突き付けているような授業を目にすることがある。また、教師自身の解釈を正解とするかのような授業展開に陥ってしまっていることもある。

　ある教室で見られた「ごんぎつね」（4年生）の学習例を基にして考えてみる。

1時間目・・・作品を読んで感想を書く。

2時間目・・・書いた感想を交流し、学習計画を立てよう。

3時間目
　　｜　・・・場面ごとに詳しく読み、ごんの気もちを考えよう。
7時間目

8時間目・・・兵十がごんを撃った場面について感想を話し合おう。

9時間目・・・「ごんぎつね」の感想を書こう。

　1時間目と9時間目に「感想を書く」という学習活動が位置付けられているものの、学習の大半は場面ごとの読み取りである。そして、「ごんの気持ちを考えよう」という学習課題を提示した後は、45分もの間「その時のごんの気もちは？」という教師の発問に数人の子供が答えるだけの時間が続き、最後は教師があらかじめ用意しておいた解釈を伝えて終わる。このような学習では、子供たち自身の読みで学習が展開されるわけではないため、主体的に読もうという意欲が育ちにくい。また、子供たち自身が言葉に着目して感じた疑問や発見も、授業者の意図したものでない場合には取り上げられずにかき消されていくようなことも少なくない。

もう一つ、読解中心の授業の代表例が「作品の主題に迫ること」を目的にした授業展開である。さすがに「この作品の主題はなんでしょう」といった課題が提示されることはあまり見られなくなったものの、「この作品に込めた作者の思いを考えてみよう」という課題を子供に考えさせているような授業場面を見ることはまだある。

　宮沢賢治の作品「やまなし」は資料「イーハトーブの夢」と並んで６年生の教科書（光村図書）に掲載されている。教科書が示した学習展開では、資料「イーハトーブの夢」を読むことで宮沢賢治の生き方や考え方を知り、「やまなし」の解釈に生かす、となっている。そして、「まとめよう」という項目では、「作者がこの作品にこめた思いについて考え、どのような点からそう考えたのかを明らかにして文章をまとめよう」となっている。

　ご承知の通り、作者（作家）は作品を書き上げた時点でその解釈を読者に委ねると言われている。読者である子供は作品に書かれた言葉と出合い、自由に思いを巡らせることができるはずである。「作者は、なぜこう表現したのか」と教師に問われても答えようのないのが当たり前である。無論、作者が目の前に存在しないわけだから誰にも解決しようのない問いとなってしまう。

　文学作品を教室で友達と読むことのよさは、子供一人一人の感じ方の違いを交流し、読みを広げたり深めたりすることである。教師が知っていることや考えたことを押し付けたり、一つの「正解」のようなものを求めたりするような時間であってはいけないことを確認したい。

2.　言語活動を目的とした授業からの転換

　学習指導要領の国語科の目標で「言葉による見方・考え方を働かせ、<u>言語活動を通して</u>、国語で正確に理解し適切に表現する資質・能力を次の通り育成することを目指す」（傍線は引用者）となっているように、言語活動は目的ではなく手段である。つまり国語で正確に理解したり適切に表現したりする資質・能力を効果的に育成するための活動であることを意味している。

　しかし、この頃は言語活動を行うこと自体を目的にしているかのような授業をよく見るようになった。例えば、「音読げきをしよう」「読書会を開こう」「パンフレットを作ろう」などがそれである。

　２年生の教科書（光村図書）に「しつもんしあって、くわしく考えよう」という「話すこと・聞くこと」の教材が掲載されている。教科書で紹介している学習の進め方はこうだ。

　　①あったらいいなと　思うものを、絵にかく。
　　②くわしく考えるために　するしつもんを、たしかめる。
　　③しつもんしあって、くわしく考える。

　④はっぴょうし、かんそうをつたえあう。

　指導目標は「話し手が知らせたいことや自分が聞きたいことを落とさないように集中して聞き、話の内容を捉えて感想をもつこと」となっている。そうすると、道具について質問し合う③の活動場面で具体的な指導がなされるなどし、子供自身が話の聞き方について何かしら「なるほど」と自覚できるようにしなければならない。

　しかし、実際には「何の道具にするのか」「どんな絵で描き表そうか」に時間を割き、肝心の「聞くこと」の指導がおろそかになっていることが多い。ペアやグループで質問をし合ってるように見えるが、実際には一問一答のやりとりを一定時間行って終わることが多い。

　3年生の教科書教材（光村図書）に「れいの書かれ方に気をつけて読み、それを生かして書こう」という単元がある。前段にある「すがたをかえる大豆」という説明的な文章の書きぶりを参考にして「食べ物のひみつ」をテーマに文章を書くという展開になっている。

　「すがたをかえる大豆」は掲載されている期間が長いため、「食べ物の変身」に関連した図書も多い。しかし、関連させなければいけないのは題材ではなく、例の挙げ方であったり、文の組み立て方であったりするはずである。食べ物について書くことばかりに意識が向けられ、説明的な文章の形式を読めないままに時間を費やしていいのだろうか。その他、「伝記を読んで、生き方について考えよう」という単元もあるが、「生き方について考える」のは本当に国語科のねらいなのだろうか。

　教材をどう読むかということと、そこで行う言語活動は深く結び付いている。しかし、大切なのはその教材を使って資質・能力を育成することであり、言語活動が成功するか否かではないことを改めて確認しておきたい。

3.　内容の読みに終始する授業からの転換

　国語科の読みの学習では、何が書かれているか（内容）に加えて、それがどのように書かれているか（形式）を理解することが求められている。

　平成29年版解説国語編では、

　　ア　説明的な文章における構造と内容の把握において

　　　　低学年・・・内容の大体を

　　　　中学年・・・考えとそれを支える理由や事例との関係などを

　　　　高学年・・・文章全体の構成を捉えて要旨を

把握することが示されている。また、

　　イ　文学的な文章における構造と内容の把握においては

　　　　低学年・・・場面の様子や登場人物の行動などを

　　　　中学年・・・登場人物の気持ちなどを

　　　　高学年・・・登場人物の相互関係や心情などを
捉えることが示されている。さらに、
　　ウ　説明的な文章における精査・解釈においては
　　　　低学年・・・文章中の重要な語や文を
　　　　中学年・・・中心となる語や文を
　　　　高学年・・・必要な情報、論の進め方を
を見つけたり考えたりすることが示されている。また、
　　ウ　文学的な文章における精査・解釈においては
　　　　低学年・・・登場人物の行動を
　　　　中学年・・・登場人物の気持ちの変化や性格、情景を
　　　　高学年・・・人物像や物語などの全体像を
具体的に想像したり、表現の効果を考えたりすることが示されている。

　しかし実際の授業においては、説明的な文章においても文学的な文章においても、内容に着目した読みが繰り返されているような気がしてならない。そのため子供たちに、前年度に国語で何を学習したかを問うと、「スイミー」「ありの行列」「一つの花」という具合に、ほぼ全員が教材名を答える。もちろん学習時においては身に付けるべき力の獲得はされているのだろうが、学習者自身がそれを自覚できていないように思えてならない。よく、「既習を生かして」という言葉を目にするが、身に付いたものを意識できなければ生かしようがないと思うがいかがだろう。

　3年生の教科書教材（光村図書）に長期間掲載されている「ありの行列」がある。この説明的な文章は、段落と段落のつながり方や、「はじめ」「中」「終わり」の組み立てを考えるのに大変適した教材である。

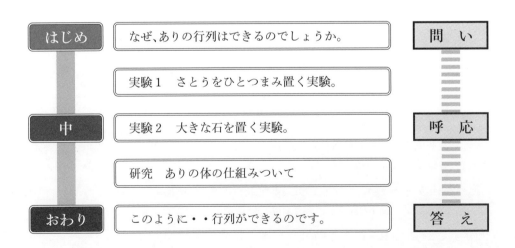

　しかし、現行の教科書では「読んで感想をもち、つたえ合おう」と表題を付けているため、教室では教材文の内容ばかりを意識した読みが展開されがちである。確かに科学的な

読み物に興味をもつことは大切であるが、身に付けるべき資質・能力に着目して指導を行うのでなければ国語科の時間としては不十分であると言わざるを得ない。

　当然のことだが、国語科の学習は系統立てて行われる必要がある。中学年で「中心となる語や文を見付けて要約すること」ができるようになることで、高学年の「必要な情報を見付けたり、論の進め方について考えたりする」ことができるようになる。したがって、学習の目的を「ありや大豆に詳しくなること」とはせず、しっかりと文章に向き合い内容と形式を読めるようにする必要がある。

　同様に文学的な文章においても、書かれている内容にばかり授業の焦点を当てて形式を読まないでいると、作品に隠された象徴性や暗示性、メッセージ性などを読む高学年の学習につながらないばかりでなく、主体的な読書につながっていかないような気がしてならない。

第**3**節 問いを生む国語科の授業

1. 発問を中心にした授業からの転換

　これまでの国語科の授業は、教師の発問によって学習が展開されることが多かった。特に文学的文章の読みでよく見られたのは。教師が登場人物の心情を繰り返し問い続ける授業である。例えば、2年生の教科書（光村図書）に掲載されている「スイミー」では、

　「ひとりぼっちになったスイミーはどんな気持ちでしょう」

　「海できれいなものを見付けたとき、スイミーはどん気持ちになったでしょう」

　「大きなまぐろをやっつけたとき、スイミーはどんな気持ちになったでしょう」

という具合に、「気持ちは？」「気持ちは？」と教師が問いかけ、それに反応した一部の子供が答えて読みを進めていくというような授業である。

　本来は、低学年の想像的に読む力のキーワードは「登場人物の行動」である。したがって、「気持ちは？」と問うこと自体おかしなことだが、文学的文章の読みの授業では「気持ちを考えること」を課題にして読みを進めている教室が多いように感じる。

　また、説明的な文章の読みの学習で多く見られるのは、教師が書かれている内容について細かく質問を繰り返して進む授業である。例えば、3年生の教科書に掲載されている「すがたをかえる大豆」では、

　「大豆を粉にひくと何になるでしょう」

　「大豆にふくまれる栄養だけを取り出して違う食品にしたものはなんでしょう」

という具合に質問し、挙手をして指名された子供が答えると、

　「合っています」

　「同じです」

と周囲の子供が即座に反応する授業を目にすることがある。

　「はい、はい」という元気な子供の声が響く教室はいかにも活気のある学習が展開されているかのように思えるが、こういった授業展開には問題点が多いことを指摘しておきたい。

　①あっているか否かを問うような問いで、思考力・判断力・表現力は育ちにくい。

　②一問一答のやりとりは、教師と子供とのやりとりになってしまい、子供同士の学び合いが成立しにくい。

　③常に教師の指示を待たないと動き出せない子が多くなる。

　学習指導要領で目指しているのは「主体的な学び手」である。それは、問題解決にあたって周囲の友達と情報交換しようとする意欲的な態度であり、その単元の終了時におい

て身に付けた力を活用していこうとする姿である。

　読みの授業に限らず、学び手である子供が主体性を発揮して学んでいけるような学習を
コーディネートすることが教師には求められているのである。例えば「これは何ですか」
という問いを「これはどうしてだろう」という問いに変えてみるだけでも、子供は思考を
巡らせ主体的に考えるはずである。

2.　学習課題を工夫する

　子供たちが主体的に学習に取り組むとともに、その学習を通して問題解決能力を高める
ためには学習課題を工夫することが重要である。

　学習課題とは、教師が子供たちに付けたい資質・能力（指導「事項」）を定め、目の前
にいる子供たちの実態に応じて立てるものである。子供たちの実態とは、現状で身に付い
ている資質・能力の状態、興味や関心の方向、地域など子供を取り巻いている環境など
様々である。

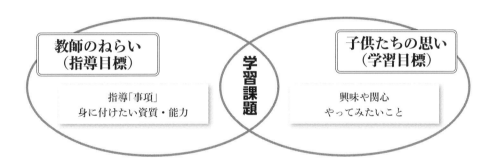

　上の図は学習課題の捉え方を示した例である。

　教師は子供たちに身に付けさせるべき指導「事項」を意識して授業を組み立てる。しか
し、子供の思いを無視して指導に専念しよ
うとすると教師主導の授業になり、子供た
ちの学習意欲は下がり、「教え込む授業」
「やらされる学習」になってしまう。

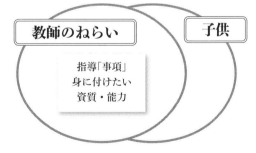

　授業研究会で授業を拝見した後に、「今
日の課題は子供に合っていたでしょうか」
と問うと、「私は、教科書会社の指導書の
通りにちゃんとやりました」と言われ驚いたことがあった。そこで、「指導書を書いた方
は、先生のクラスの子供たちを知らない方ですよね。知らない方が立てた課題のままでよ
かったのですか」とさらに問うた。

　教科書会社の指導書も、著名な実践家の書いた展開例も授業づくりの参考にはなるもの
の、あくまで実際に授業する教師自身が自分のクラスの子供たちの表情を思い浮かべ、練

り直したものを課題として提示するべきだと思う。

　また、「学習課題は子供が考えるのではないですか」という質問をされることがある。そのときは、「育成すべき資質・能力を決め、教材を選定し、言語活動を設定したのは先生ご自身ですよね」と答えている。単元構成は教師がやっていながら、肝心の学習課題は子供たちが設定するというのは実におかしな話である。「資質・能力の育成は学校の責任である」というカリキュラム・マネジメントの基本的な考え方からも、学習課題は教師が設定すべきなのは当然である。

　「主体的な学び」の意味を「子供たちがやりたいことを中心にした学び」と意味を勝手に取り違えている教室を見ることがある。子供たちは生き生きと活動して楽しそうには見えるものの、「この学習でどんな資質・能力が身に付くのだろうか」という疑問を感じてしまう。

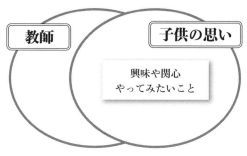

教師のねらいが見えない

　そういった教室では「○○をしよう」という具合に、単元の最後に行う学習活動を課題にしていることが多い。例えば「お店やさんを開こう」とか「動物クイズ大会をやろう」などである。その他、「ガイドブックを作ろう」や「お気に入りの本を紹介しよう」もある。

　子供たちを主体的に学習させるために、興味が湧きそうな言語活動や学習活動を用意することはあるが、それ自体を学習の目的にしてしまうことは間違いである。

　「お店やさんを開こう」では、「話すこと・聞くこと」の指導「事項」ウ「伝えたい事柄や相手に応じて、声の大きさや速さなどを工夫すること」などを身に付けることをねらいとしているものの、いざ「お店やさん」の活動が始まると、それを意識しないまま活動が続けられていることがある。子供たちにとっての目的である「楽しくお店やさんごっこをすること」ばかりが優先され、身に付けるべき資質・能力が抜け落ちてしまっている。これでは、「活動あって学び無し」と言われても仕方がない。

　繰り返しになるが、教師のねらいである「指導目標」と子供たちの思いである「学習目標」のバランスを考えて学習課題は設定されなければならない。

3.　問いを生む学習課題の設定

　学習課題とは単元全体を通して、あるいは本次・本時において「何をするのか」を子供たちに示すものである。この学習課題が明確であるからこそ子供たちは学習に見通しをもって学べる。そして、この学習課題に対して子供たちは、「こんな方法で考えられないだろうか」とか「前に学習したことが生かせそうだな」などと思考を巡らせることになる。しかし、学習課題が単純な指示のようなものであったり、考えることに意欲がもてな

いようなものであったりすると子供たちの学習意欲は低下するばかりでなく、「深い学び」にたどりつくことはできない。

　文学的な文章の読みの授業では、「場面読み」という言葉がいまだに存在し、実際に指導されている実態がある。「場面読み」とは言葉の通り、物語を一定のまとまり（場面）で区切り、その場面を詳しく読んだ後に次の場面の読みが始まるという手法である。たとえば4年生で読む「ごんぎつね」でいう本時の課題は「○の場面のごんの気持ちを考えよう」ということになる。中学年の文学的文章の指導「事項」精査・解釈は「登場人物の気持ちの変化や性格・情景について、場面の移り変わりと結び付けて具体的に想像すること」となっている。単一の場面の精読をするのではなく、物語全体を通して考えられる課題を示してやる方がはるかに効果的である。ましてや子供たちは全文を読んでおり、次の展開や終結部分を分かっていながらその場面から抜け出せないような課題で学ぶということに疑問を抱かざるを得ない。

　「ごんぎつね」であれば大半の子供は、ごんが兵十に撃たれてしまった場面に感想をもち、その瞬間でのごんの心情に疑問を抱く。そこを取り上げ、「なぜ、ごんは撃たれたのにうなずいたのだろう」という大きな課題を示して読みを進めていく方が、場面読みを繰り返していくよりずっと自然な読みだと考える。そして、その課題を解決するにあたり、子供たち自身が「ごんは本当に悪いきつねなのかな」「ごんは兵十のことをどのように思っていたのかな」というような問いを生みだしていくような学習展開を実現していきたい。

　もちろん単元の途中で課題が修正されることもある。例えば、子供たちと学習を進めていく中で、「兵十にも気持ちの変化があったのではないか」という子供たちの問いを生かし、撃った側の兵十の気持ちを全体で考えていくようにする場合などである。

　いずれにしても私たちが目指しているのは「主体的な読み手」を育てていくことである。教師が用意した問いに答えを見つけているだけの授業では決して育たないことを意識したい。

　高学年の文学的な文章の精査・解釈のキーワードは「人物像や物語などの全体像を具体的に想像」することである。平成29年版解説国語編では「『何が書かれているか』という内容面だけでなく、『どのように書かれているか』という表現面にも着目して読むことが、物語などの全体像を具体的にイメージすることにつながる」とある。なおさらのこと、「○場面の気持ち」を問う授業から、物語全体を見渡して考える学習への転換が求められる。その重要な役割を担うのは教師が示す課題に他ならない。

　5年生の教科書（光村図書）に「たずねびと」という文学的な文章が掲載されている。これは長く掲載されていた「わらぐつの中の神様」に差し替えられた教材である。

　ストーリーは、11歳の登場人物が通学路の掲示板に張られた「原爆供養塔納骨名簿」と書かれたポスターの中に、自分と同じ名前を見付けたのをきっかけに被爆地である広島を訪れ、原爆による被害の悲惨さを目の当たりにして心情を変化させていく話である。

「ちいちゃんのかげおくり」や「一つの花」が戦時中の話であるのに対し、現代を生きる5年生が戦争について考えていくというストーリーである。

教科書の表題は「物語の全体像をとらえ、考えたことを伝え合おう」となっているが、実際には作品に書かれていることから読める「戦争」や「被爆」といった事実への感想を交流する授業になっていることが多い。学習課題も、○○のとき（場面）の登場人物の心情を問うものがほとんどである。しかし、それをつなぎ合わせても作品の全体像には近付くことはできない。

例えば、「広島に行く前と後で、登場人物の心情にどんな変化があっただろう」というように、意図的に作品構造を考えられるような課題はどうだろう。子供たちが読むのは場面ではなく作品全体である。その作品がどのように書かれているかに面白さを見いだせるようになることが、主体的に読書をする態度にもつながる。何を読むかではなく、どのように読むのかは教師の示す課題にかかっているのである。

第4節 生きて働くことばの使い手を育てる

1. 子供たちにとって魅力ある単元の構成

　子供たちの学習は概ね教科書教材を使って行われることが多い。教科書には「話すこと・聞くこと」「書くこと」「読むこと」の三領域がバランスよく配当されているため、授業者が学習内容を考えずとも授業できるという利点があるが、学習者である子供たちの思いは置き去りにされてしまいがちである。特に、「話すこと・聞くこと」、「書くこと」をねらいとする表現領域の授業において大切なのは、取りも直さず子供たちの「伝えたい」という思いである。もし、子供たち自身が「伝えたい」という思いを感じないまま学習を進めたとしたら、子供たち自身が伝え方を工夫する、つまり思考する場面は生まれにくくなる。つまり子供たちが主体的に取り組む学習にはなり得ないと考える。

　5年生の教科書（光村図書）に「調べたことを正確に報告しよう」という「書くこと」をねらいにした単元がある。そして学習の展開例として「みんなが過ごしやすい町へ」が挙げられている。学習の進め方の例は以下の通りである。

　① 身の回りの工夫を見つけよう。
　・地域や学校の様子を思い出したり実際に見たりして、気になることやもっと知りたいことを探す。
　②調べ方を選んで調べる。
　・インタビュー
　・アンケート調査
　・実際に見て
　・本やインターネットで調べる
　③報告する文章の構成を考える。
　④報告する文章を書く。
　⑤読み合って感想を伝え合う。

　自分の住む地域について詳しく調べたことを報告する文を書くことは悪いわけではない。問題なのは、調べたことを「誰に（相手）」、「何のために（目的）」、「どのように（方法）」という意識を子供たち自身がもてるかどうかである。突然、単元の導入時に担任から「自分たちの町について調べて報告文を書こう」と言われ、果たして何人の子供が「よし、やってみよう」という気持ちになるだろうか。

例えば、総合的な学習の時間で自分が追究してきたことについて報告するというのであれば、「伝えたい」という思いはもちやすいはずである。同時に、伝えたい相手や目的を子供たち自身がイメージできるはずである。あとは、「どうやって」という方法について国語科で学習していくようにしたらどうだろうか。教科書単元「調べたことを正確に報告しよう」でいうならば、引用の仕方や効果、文の組み立て方などがそれである。つまり、「分かりやすく伝える」ということを子供たちにとっての必要感にしていかなければ、魅力的な学びにはならない。

　「話すこと・聞くこと」の教科書単元も同様で、身に付けるべき資質・能力があってこその学習のはずが、いつの間にか教科書の学習活動をそのまま行うことが優先されている教室が多いように感じる。もちろん時には自分の学級にぴったりな学習内容もあるだろうが、いつもそうとはいかないだろう。目の前の子供の姿を思い浮かべて単元を構成していくことを忘れてはいけない。

2.　単元のつながりを意識した指導

　国語科は1冊（もしくは上・下巻）の教科書で学ぶにもかかわらず、それぞれの単元（教材）と単元（教材）のつながりを意識して学習する子供はあまり多くないように思う。子供にとっては「ごんぎつね」を読み終えればそれで学習は完結し、次の物語に出合ったときはそこから学習が始まるのである。そのため、算数のように「既習を生かす」ということを実感できないまま学習を始めることになる。子供たちは「何を読んだか」は覚えているが、「どのように読んだか」を記憶していないことが多い。こういった傾向は説明的な文章の学習にも見られ、文章の形式を読めないままに単元を終了していることが多い。

　その原因は、教師が「学びのつながり」を意識しないまま授業してしまうからである。特に「読むこと」の学習では、昔ながらの読解指導に陥ったり、道徳的な価値を押し付けるような授業が行われたりしている。また、「○○図鑑を作ろう」「○○博士になろう」のように設定された言語活動を目的にした授業が行われることも多い。

　その結果、子供の記憶に残るのは教材文の内容だけであったり、「○○図鑑」作成に向けたがんばりであったりする。

　そして、それぞれの単元はペーパーテストを行うことで一区切りとされることが多い。そのペーパーテストでは、大半が授業で習った知識や教材文の内容を問われるものである。そのため、子供たちは「何が分かったか」「何を覚えたのか」をペーパーテストの結果で知ることはできるが、「何が身に付いたのか」「次の学習や他教科に何が生かせるのか」といったことを自覚できないまま次の学習に入ることが多くなってしまっている。

　本来は、単元の一つ一つを国語科で身に付ける資質・能力を意識して系統的に指導することが求められている。資質・能力は習得と活用を繰り返してこそ身に付くものなので、一つ一つの単元を孤立させるのではなく、年間の指導計画に沿って授業していくことが大

切になる。そしてその計画は教師のためだけのものではなく、学習者である子供たちのものでなければならない。なぜならば、「今、何を学んでいるのか」「この学びはどこにつながるのか」を意識するからこそ、次の学びに見通しをもてるからである。新しい学びに出合ったときに、「前に学習したことを生かせそうだ」と自覚して学習が始められるようにすることが教師の大切な役割である。

3.　教科の壁を超えた指導

　これまでの教室では、時間割に沿って国語、社会、算数、理科といった教科を並列的に学習し、知識や技能の習得に時間をかけてきた。教科担任制を実施していない小学校では、「はい、ここまで」という担任の合図で授業は終わり、すぐに次の教科の授業が始まる。通常の午前中は4時間授業、つまり4教科の内容を45分ずつ学ぶわけである。したがって、子供たちにとって国語は国語であり、算数は算数であるため、それぞれの教科につながりを意識することはほとんどなかった。

　教師もまた同様に考えていることが多く、各教科で言語活動を行っていても、それが教科横断的に育成される言語能力の育成につながることを意識していないことがある。例えば、植物の観察をし、それをメモに書いたり日記に書いたりする活動は生活科のねらいで活動していることであり、記述の仕方は国語科で学ぶこと、つまりその教科とは関係ない指導であるかのように考えられていることがある。また、どの教科でも行われている説明や話合いといった言語活動も、国語科とは切り離されて行われていた。

　しかし、平成29年版解説総則編（pp.48～49）では、「児童の日々の学習や生涯に渡る学びの基盤となる資質・能力」として、言語能力、情報活用能力（情報モラルを含む。）、問題発見・解決能力を挙げている。そして、「言語能力の向上は、児童の学びの質の向上や資質・能力の育成の在り方に関わる重要な課題として受け止め、重視していくことが求められる」としている。つまり、言語能力を育成するのは言葉を直接の学習対象にする国語科の学習時間に限定するのではなく、各教科等の言語活動においても指導することが求められているのである。また、他教科において言語能力に関わる指導をていねいに行うことは、その教科の目標を実現することにも有効に働くのである。

　例えば、総合的な学習の時間は、学習のまとめとして追究してきたことを報告することが多い。報告は文章形式の場合もあればプレゼンテーションといった話し言葉を活用する場合もある。ここで共通するめあては、読み手や聞き手に「分かりやすく伝える」ということである。相手を意識して「分かりやすさ」を追究していくことで、取材の在り方や資料の不足に気付くことがある。また、文や話の構成の仕方に工夫が必要であることに気付く子供もいる。このように、総合的な学習の時間と国語科を行ったり来たりできるように単元を構成することで、双方の学習の質を向上させることができると考える。

　平成29年版解説総則編（p.49）では「全ての教科等においてそれぞれの特質に応じた

言語活動の充実を図ることが重要であるが、特に言葉を直接の学習とする国語科の役割は大きい」と述べている。つまり、言葉の力は教科を超え、教育課程全体で育成する意識をもつことが極めて重要なのである。

学校では各教科の年間指導計画を作成して指導に当たることはもちろんのこと、教科と教科、教科と総合的な学習の時間などとをリンクさせて指導し、学習の効率化を図るとともに双方の学習を充実させていくことが大切になる。なぜならば、子供たちには「使える言葉」「生きた言葉」の習得・活用が求められているからである。

4. 教室の壁を超えた学習

国語科の学習の大半は教室の中で、教室内の友達（級友）と進められることがほとんどである。したがって、交流の相手は級友、発表の対象も級友、書いた文章に感想をくれるのも級友ということになる。また、教室にいる大人は担任（もしくは専科）の教師だけである。学習内容を説明してくれるのも教師ならば、自分たちの発言や記述した文章を受け止めてくれるのも教師だけということになる。つまり、国語科の学習は、教師が作った枠組みの中で、教師の考えた方法で進められることが常識化しているのだ。悪い言い方をすれば、教師の言う通りにしていればいいという、受身の学習スタイルが定着している。そのため、普段はおしゃべりな子供も国語科の時間になると口数が減ってしまう。他の教科に比べて人気がないのはこういったことも原因ではないだろうか。

しかし、学校教育が担っているのは、子供たちがよりよく生きていくために必要な資質・能力を育成することである。

教室という閉ざされた空間で画一化された学習を続けていては、実生活において「何ができるか」を実感したり、「どのように使うか」ということを思考・判断したりすることは難しいのではないかと考える。国語科の学習も「いつも教室の中で」という枠を外し、もっと多様に学べる時間にしていくことをお勧めしたい。

例えば、発表や報告の対象を異学年にするだけでも子供たちの相手意識や方法意識は変わるはずである。また、少なからず慣れ親しんだ顔ぶれではないため、緊張して学習に臨むはずである。本の紹介や感想交流などもクラスを解体して行うことで、より意欲的になるといった事例もある。

また、保護者や地域の方に協力していただき一緒に話し合う、読み合うといった学習活動を実践している学校や、幼稚園・保育園、中学校と連携することで、より実践的かつ能動的に言語活動を展開している学校も出てきている。

子供たち一人一人に１台ずつの GIGA 端末が配当された現在は、もっと多様に他者と関わり学び合うことが可能になった。教室どころか学校の壁を越え、遠く離れた友達と交流することもできる。世界や宇宙に目を向けようとしている子供たちの心をじっと教室に閉じ込めていてはいけないのだ。

第5節 「教える」授業から「学び合う」学習への転換

1. 伝え合う力を育む教室へ

　従来の授業は、教師がもっている知識や教科書に書かれていることについて教えることが中心であった。それは、教師は教室にいる誰よりも知識が豊富であり、その教師から知識を正しく受信することで、子供たちは自分の知識を増やすのが授業であるという考え方である。文学的な文章の読みの授業では、教師が教材研究で得た知識や自分自身の人生経験と重ねた解釈を、あたかもそれが唯一の正答のように伝えていた。子供たちは学習者ではなく、まさに受講者であった。

　しかし、今日求められているのは知識を受信し習得させるだけの授業ではない。受信したもの（手に入れた情報）を基にして考え、友達同士でその考えを交流し、自分の考えを広げたり深めたりすることを通して、〔思考力、判断力、表現力等〕という資質・能力を育成していく授業である。また、子供たちに考えさせるべきは、「なぜ、このように表現されているのか」「自分ならどのように表現するか」といった、どこにも唯一解のない事柄や問題である。つまり、「分かり切っていること」ではなく「分からないこと」を話題にして考え、その考えを交流することにこそ意味がある。従来のように、教師が用意した手順でなければ思考できないようでは、先行きが見えにくいとされる未来を子供たちは生き抜いていけないのだ。

　髙木展郎が推奨する「聴いて　考えて　つなげる」授業は、時代が求める学力（Reading Literacy）や学校教育法30条2項が示している重要な学力の要素を育成する上で有効に働くものである。髙木は「『聴いて　考えて　つなげる』授業は、単に学習活動としてのものではない。ここを取り違えると、形式的な話し合いになってしまう。人の話を聴き、聴いたことを基にして考え、それをさらに自分の中で再構成して吟味して、意味付ける、他者に自分の考えを伝える、という『受信→思考→発信』のプロセスを学習者に自覚させながら、学習を深めていくことに大きな意味がある」（『変わる学力、変える授業。21世紀を生き抜く力とは』三省堂2015年 p.138）と述べている。

　国語科は、伝え合うために必要な言葉を学ぶ教科である。その教科学習において「伝え合い」が行われないような現状は今すぐに打開しなければならない。言葉を通して人と関わり、他者を理解するといったコミュニケーション力を育成する上でも、伝え合う力の育成に向けた授業改善は必要である。また、気軽に伝え合いのできる、言い換えれば、何でも言い合える学級の雰囲気を日頃からつくっていくことは極めて重要である。

2. 自分の考えをもたせる

　「学び合う」学習にとって大切なのは、何よりも子供たちに「自分の考えをもたせる」ということである。

　従来は、教師の発問に対して分かった子供たちが元気よく「はい！はい！」と手を挙げている教室をよく見かけた。教師にも、よりたくさんの子供に発言させたいという願いがあるのか、あらかじめ用意した数多くの問いを順番に出して答えさせるという手法だ。数多くの子供に発表の機会を与えることは決して悪いことではないが、そこで発表しているのは「自分の考え」ではないことが多い。大半は知っていることであったり、その場で思い付いたことであったりすることが多い。

　国語科の文学的な文章を読む授業においては、書かれている言葉を手掛かりにして、登場人物の行動のわけや心情を想像する学習が中心となる。手掛かりとするのは直接的に登場人物の気持ちが表現された言葉や文だけではない。情景描写なども重要な手掛かりにしなければならないことがある。「分かった」と簡単に答えられるような問いは、「読むこと」における学習で身に付けるべき資質・能力〔思考力、判断力、表現力等〕を育成するものとはかけ離れている。

　まずは、課題に対してじっくりと考えさせることが大切である。そして、その考えが未熟なものであったとしても、その時点で絞り出した「自分の考え」としてノートに記述させたい。書くことは、考えを整理することであり、根拠のない思いつきを抑止することにつながる。

　もちろん考えが思いつかず、記述できない子供が教室にはいる。そんな子供たちには、「分からない理由」や「分かりにくいこと」を記述させればよい。「分からないこと」を自覚して学習を始められれば、「分かろう」とう意欲が高まるからである。従来のように、「分からないこと」を放置したまま学習が進められるよりはるかに効果的なのである。

　「自分の考えをもたせる」ことは、教師の示す課題や問いかけと大きく関わっているのは言うまでもない。「そのとき、登場人物は何をしましたか」のように、書かれていることを見つけ出して言わせるような問いの繰り返しでは、決して思考力は育成されない。子供たちが沈黙して叙述に立ち返るような、「なぜ？」や「どうして？」を問うことを大切にしたい。

3. 聴く力を育てる

　学び合う学習を支える重要な力が「聴く力」である。あえて「聴」という漢字を用いているのは、英語の hear「聞こえる。耳に入る」といった意味とは区別し、listen to あるいは ask「集中して聴く。心を傾けて聴く。訊ねる」といった意味を込めているからである。つまり、「聞く」という、どちらかというと受動的に受け取られがちな行為を、「聴

く」と表記することで能動的な行為に変えようとしているのである。

　学習中に子供たちは、「考え方が似ているな」「同じ考えだけれども、理由は違うな」「そういう考え方もあるのか」という具合に、自分の考えと比べながら聴くことが大切であり、教師はそう指導しなければならない。なぜならば、聴き取るのは話の内容ではなく話し手が考えたことでなければ学び合いは成立しないからである。

　そうなると、話し手にも「自分の考え」をどのように話したら伝わるのかを自覚して話せるように指導することも大切になる。例えば、まず自分の考えを述べ、その後に理由を言う、というようなことである。あるいは、話を聴いた後に「○○さんの考えと同じで…」と立場を明確にしてから話すというようなことである。話し手には、常に周囲にいる聴き手（友達）の立場になって話させるようにしたい。

　もちろん、このような聴き方や話し方は、国語科の時間だけで身に付くものではない。また、国語科の時間だけそのようにすればよいわけでもない。日常的に行われている授業における、話したり聴いたりしている時間も含め、意図的・継続的に指導する必要がある。

　その際、校内で「聴くこと・話すこと」の系統的なめあてを決め、どの教科の学習においても意識させるようにするとより効果的である。例えば、髙木展郎が紹介している「『あたたかな聴き方』『やさしい話し方』のステップシート」などを参考にし、それぞれの学級に応じてアレンジしたものに変えて取り組むとよい。

「あたたかな聴き方」「やさしい話し方」ステップシート

1年	2年	3年	4年	5年	6年	聴き方	ステップ	話し方	1年	2年	3年	4年	5年	6年
				○	○	自分の考えをいつ話したらよいか、自分の出番を考えながら聴く	STEP10	話し合いの論点に沿って自分の出番を考えて話す					○	○
				○	○	課題に沿った話し合いができているか考えながら聴く	STEP9	たとえを出したり、実物を示したりしながら話す					○	○
				○	○	自分の考えを深めたり広めたりするつもりで聴く	STEP8	友だちの考えや意見につなげて話す					○	○
			○	○	○	話し手の言いたいことを分かろうとして聴く	STEP7	結論から述べ、根拠や立場を明らかにして話す					○	○
			○	○	○	自分の考えと比べながら聴く	STEP6	「、」や「。」をつかい、言いたいことを区切って短く話す				○	○	○
		○	○	○	○	自分の考えをもって聴く	STEP5	聞き手（友だち）の反応を確かめながら話す				○	○	○
	○	○	○	○	○	友だちの考えを復唱できるように聴く	STEP4	自分の経験をもとに自分の考えを話す			○	○	○	○
	○	○	○	○	○	うなずいたりつぶやいたりしながら聴く	STEP3	聞き手（友だち）の方を向いて話す		○	○	○	○	○
○	○	○	○	○	○	人の話を最後まで聴く	STEP2	聞き手（友だち）に聞こえるような声の大きさで話す	○	○	○	○	○	○
○	○	○	○	○	○	話す人の方を見て聴く	STEP1	指名されたら「はい」と返事をする	○	○	○	○	○	○

「あたたかな聴き方」「やさしい話し方」のステップシート（髙木展郎）

4. 学習ノートの活用

　以前まで学習ノートの活用は、教師が板書にまとめたものをきれいに書き写すことが中心であったように思う。そのため、「しっかりと書く」「ていねいに書く」ことがめあてにされることが多かった。つまり、「ノートは大切なことを記録するもの」としての役割が大きかった。また、書き方に自由度がないためクラスの友達のノートには、ほとんど同じ内容のことが記録されていることが多く、一人一人の思考の変容を読み取ることは難しかった。

　しかし、学び合いにおける学習ノートは「思考するためのツール」として活用することが大切である。なぜなら、学び合いの中心は子供たち同士の交流である。交流の間は、いちいち教師がそれを止め、板書するなどということはあり得ない。交流中に自分の考えと比較しながら話し手の考えを聴き、必要な情報（気になる言葉）をメモするなど、子供たち自身が思考を働かせるためのツールとしてぜひ活用させたい。

　そして教師は、ノートに記述されたものをていねいに確認したり分析したりして評価していくことが大切である。なぜならば、思考力や判断力は言葉による交流場面を観察するだけでは十分とは言えないからである。本時における子供の思考・判断・表現等などの状況を適切に見取り、次の指導に生かしていくことが重要となる。

5. 「学び合い」における教師の役割

　「学び合い」における主体は子供である。以前のように教師が知識や技能を一方的に教え込む授業ではなく、子供たちが「自分の考え」をもちより、自分たちで「思考・判断・表現」していくことが大切である。

　髙木展郎は「学び合い」における教師の役割を「①話合いの方向が課題とずれてしまった場合に助言や修正をする。②事前のノート指導等で、学習者の考えを予想しておく。③教師ではなく、学習者から『何』という問いを言わせる。④発達の段階に応じて、教えるべきことは教える」と述べている。

　最近、「学び合い」や「伝え合い」という言葉を単なる活動として捉え、安易にグループ活動をさせたりペア学習させたりしている教室がある。一見活発に子供たちが伝え合っているようには見えるが、実際には考えを深めたり広げたりすることには至らないことが多い。グループ活動は、きちんとした指導意図をもった上で行うからこそ、「学び合い」として成立するのである。

　また、「学び合い」における板書の在り方についても考えていきたい。「学び合い」は子

供を主語にして展開していく。以前のように板書計画を用意して教師の意図で進める授業とはわけが違う。また、子供たちは自分なりに友達の話（情報）を受信し、考えているときに、教師が黒板に整理してしまっては思考の妨げとなる。さらに、板書ありきでの授業は、教師の意識は発言者に向くため、本来大切にされるべき聴き手への評価が不十分になってしまう。

　「覚えさせる」ことから「考えさせる」ことに授業転換されている今日、授業における教師の役割も同時に転換しなければならないのである。

〈参考文献〉

髙木展郎『変わる学力、変える授業。21世紀を生き抜く力とは』三省堂、2015

髙木展郎・三浦修一・白井達夫『新学習指導要領がめざす　これからの学校・これからの授業』小学館、2017

第 III 章

国語科の学習指導要領を読む

学習指導要領国語の「目標」を読む

1. 平成29年版「国語」の特徴

平成29年版国語の目標で特徴的なのは、昭和52（1977）年改訂国語からの言語能力の育成という考え方を継承しつつも、目標に、国語を学ぶ意義としての「言葉による見方・考え方を働かせ」ることが入ったことである。

また、平成20（2008）年改訂の学習指導要領（以下、「平成20年版」）総則では、全ての教科等において言語活動の充実を図ることが求められたが、この「各教科等における言語活動の充実」の性格を、国語において一層明確にするため、平成29年版国語の目標に「言語活動」が入った。そのことにより、言語活動を通して国語の資質・能力の育成を図ることが明示された。「言語活動を通して」とあるので、言語活動そのものが育成すべき国語の資質・能力ではないことに留意したい。

さらに、他教科と同じように、（1）から（3）として、資質・能力の3つの柱である〔知識及び技能〕〔思考力、判断力、表現力等〕〔学びに向かう力、人間性等〕が示されたことも特徴である。

2. 目標の言葉を読む

平成29年版国語の目標は以下のようになっている。

言葉による見方・考え方を働かせ、言語活動を通して、国語で正確に理解し適切に表現する資質・能力を次のとおり育成することを目指す。
（1）日常生活に必要な国語について、その特質を理解し適切に使うことができるようにする。
（2）日常生活における人との関わりの中で伝え合う力を高め、思考力や想像力を養う。
（3）言葉がもつよさを認識するとともに、言語感覚を養い、国語の大切さを自覚し、国語を尊重してその能力の向上を図る態度を養う。

一つ一つの言葉を追いながら、その意味を考えていきたい。

(1)「言葉による見方・考え方を働かせ」とは

「言葉による見方・考え方を働かせ」については、平成29年版解説国語編に、次のように示されている（p.12）。

> 児童が学習の中で、対象と言葉、言葉と言葉との関係を、言葉の意味、働き、使い方等に着目して捉えたり問い直したりして、言葉への自覚を高めることである

国語科では、言語活動を通して言葉を対象とした資質・能力の育成を図ることが求められる。言葉をつむいだり織り成したりすることで文や文章が創出され、そこに言葉の様々な意味や働き、使い方が表れる。国語科では、言葉を用いて理解したり表現したりすることにより、そうした言葉のもつ様々な役割や機能について学んでいく。また、自己省察（reflection）やメタ認知を行うことを通して言葉の機能を問い直し、言葉に対する意識化を図ったり言葉を使うことへの意味付けを行ったりすることも重要である。

このように言葉の機能を対象化することに、国語を学ぶことの意味と意義とがあるのであって、そのことが、「言葉による見方・考え方」として示されている。言い換えれば、何のために国語科として言葉を学ぶのか、ということに対する理念の大枠が示されている。

(2)「言語活動を通して」とは

「言語活動の充実」（下線部は引用者）は、中央教育審議会「幼稚園、小学校、中学校、高等学校及び特別支援学校の学習指導要領等の改善について（答申）」（平成20年1月17日、p52、以下「20答申」）によって初めて示された。この答申に基づいて、平成20年改訂の学習指導要領改訂において、充実すべき重要事項の第一に、各教科等における言語活動の充実が示された。これは主として、各教科等における〔思考力、判断力、表現力等〕の育成を図ったものである。なお、この時期の言語活動は、「記録・要約・説明・論述・討論」であった。

しかし、平成20年版国語の目標には、言語活動は取り上げられていない。言語活動が学習指導要領国語の目標に取り上げられたのは、今回の改訂からである。目標に掲げられるということは、国語としての資質・能力の育成を「言語活動を通して」行うことが明示化されたと言えよう。このことの意味は重要である。

なお、平成29年版における言語活動は、「記録・要約・説明・論述・話合い」（下線部が変更点、下線部は引用者）となっている。

(3)「国語で正確に理解し適切に表現する資質・能力」とは

「理解」と「表現」という用語は、昭和43（1968）年改訂の学習指導要領国語以降、継続して取り上げられてきた。

ただし、平成 10（1998）年改訂と平成 20（2008）年改訂は、「表現」が先で「理解」が後になっている。これは言語活動の一連の流れに沿って、「表現」としての「話すこと・聞くこと」「書くこと」の内容を先に示し、次に「理解」としての「読むこと」の内容を示したからである。

　しかし、平成 29 年版では、理解したことを使って表現していくという言語の特質を踏まえ、「理解」が先で「表現」が後という構成を取っている。

　なお、目標ではこの後に「を次のとおり育成することを目指す」という文言が続き、育成すべき資質・能力として（1）～（3）が掲げられている。

　この（1）～（3）は、平成 29 年版総則（p.18）に示された、

(1)　知識及び技能が習得されるようにすること。
(2)　思考力、判断力、表現力等を育成すること。
(3)　学びに向かう力、人間性等を涵養すること。

に対応している。

　なお、平成 29 年版国語では、「第 1　目標」として小学校全体で育成すべき目標が示されているが、さらに「第 2　各学年の目標及び内容」には、〔第 1 学年及び第 2 学年〕〔第 3 学年及び第 4 学年〕〔第 5 学年及び第 6 学年〕の低学年・中学年・高学年の 3 つに分け、それぞれの「目標」が、(1)〔知識及び技能〕(2)〔思考力、判断力、表現力等〕(3)〔学びに向かう力、人間性〕の育成すべき 3 つの資質・能力ごとに示されている。

第2節 国語科における指導「事項」の特色

　先に述べた通り、国語科の目標と内容は他教科とは異なり、〔第1学年及び第2学年〕〔第3学年及び第4学年〕〔第5学年及び第6学年〕と、2学年ごとのまとまりで示されている。これは、平成10（1998）年改訂の折の「教育の大綱化」により目標や内容が2学年を通して育成するものとして示され、それが平成20年版、さらに、今回の平成29年版においても継続しているからである。

　「2内容」は、低学年・中学年・高学年ともに、〔知識及び技能〕と〔思考力、判断力、表現力等〕として、資質・能力ベースでまとめられている。そして、これまでの学習指導要領で示されていた「話すこと・聞くこと」「書くこと」「読むこと」の活動領域としての「内容」がすべて〔思考力、判断力、表現力等〕の中に組み入れられたことが、今回の改訂で大きく変わった点である。

　「2内容」として育成すべき資質・能力は、「次の事項を身に付けることができるよう指導する」として、以下のように「事項」がまとめて示されている。

〔知識及び技能〕
（1）言葉の特徴や使い方に関する事項
　　言葉の働き／話し言葉と書き言葉／漢字／語彙／文や文章／言葉遣い／表現の技法／音読、朗読
（2）情報の扱い方に関する事項
　　情報と情報との関係／情報の整理
（3）我が国の言語文化に関する事項
　　伝統的な言語文化／言葉の由来や変化／書写／読書
〔思考力、判断力、表現力等〕
A　話すこと・聞くこと
　話すこと
　　話題の設定／情報の収集／内容の検討／考えの形成／表現／共有
　聞くこと
　　話題の設定／情報の収集／構造と内容の把握／精査・解釈／考えの形成／共有
　話し合うこと
　　話題の設定／情報の収集／内容の検討／話し合いの進め方の検討／考えの形成／共有
B　書くこと

題材の設定／情報の収集／内容の検討／考えの形成／記述／推敲／共有
　Ｃ　読むこと
　　構造と内容の把握／精査・解釈／考えの形成／共有

　なお、国立教育政策研究所から出された『「指導と評価の一体化」のための学習評価に関する参考資料には、以下のような一文がある（p.31）。

> ・評価規準の冒頭には、当該単元で指導する<u>一領域</u>を「（領域名を入れる）」において、」と明記する。（下線部は引用者）

　一領域を明記すると書かれていることから、基本的には、「単元の目標」の〔思考力、判断力、表現力等〕においては、活動領域の「Ａ話すこと・聞くこと」「Ｂ書くこと」「Ｃ読むこと」のいずれか一つの活動領域に絞って指導を行うこととなろう。このことについては後にも少し触れていく。
　また、「事項」の内容については各単元で必ず一つ以上を取り上げ、言語に関する知識及び技能の確かな育成を図ることが重要となる。

言語活動と他教科等における言語活動

1.　言語活動の歴史的経緯

（1）　平成 10（1998）年改訂における「言語活動」

　学習指導要領国語に「言語活動」が取り上げられたのは、昭和 43 年改訂以降であり、いずれも「3 内容の取り扱い」としてである。学習指導要領総則で「言語活動」が取り上げられているのは、昭和 52 年改訂以降であり、いずれも「配慮する事項」として示されている。

　最初は国語で取り上げられた「言語活動」が、約 10 年を経て全教科等にまで広がっていったとも考えられる。

　さらにその約 20 年後の平成 10 年改訂の総則には、「第 5　指導計画の作成等に当たって配慮すべき事項」の中の「2　以上のほか、次の事項に配慮するものとする」として、「(1) 学校生活全体を通して、言語に対する関心や理解を深め、言語環境を整え、児童の言語活動が適正に行われるようにすること」と示されている。

　では、平成 10 年改訂の国語においてはどのように示されているのであろうか。

　〔第 1 学年及び第 2 学年〕〔第 3 学年及び第 4 学年〕〔第 5 学年及び第 6 学年〕のそれぞれの「3　内容の取り扱い」の中に記載されているが、ここでは、低学年の具体例のみ引用しておこう

---

　(1)　内容の「A 話すこと・聞くこと」、「B 書くこと」及び「C 読むこと」に示す事項の
　　　指導は、例えば次のような言語活動を通して指導するものとする。
　「A 話すこと・聞くこと」
　　　尋ねたり応答したりすること、自分が体験した事などについて話をすること、友達
　　の話を聞くこと、読んだ本の中で興味をもったところなどを紹介することなど
　「B 書くこと」
　　　絵に言葉を入れること、伝えたい事を簡単な手紙などに書くこと、先生や身近な人
　　などに尋ねた事をまとめること、観察した事を文などに表すことなど
　「C 読むこと」
　　　昔話や童話などの読み聞かせを聞くこと、絵や写真などを見て想像を膨らませなが
　　ら読むこと、自分の読みたい本を探して読むことなど

（2）平成20年版における「言語活動」

　平成10年改訂では領域ごとに言語活動例が大まかに挙げられているに過ぎなかった。「言語活動」が「言語活動の充実」として本格的に取り上げられたのは、さらに10年を経た平成20年版である。この改訂に向けた20答申（p.53）では、以下のように示されている。

　○　各教科等における言語活動の充実は、今回の学習指導要領の改訂において各教科等を貫く重要な改善の視点である。

　　それぞれの教科等で具体的にどのような言語活動に取り組むかは8．で示しているが、国語をはじめとする言語は、知的活動（論理や思考）だけではなく、5．（7）の第一で示したとおり、コミュニケーションや感性・情緒の基盤でもある。

　　このため、国語科において、これらの言語の果たす役割に応じ、的確に理解し、論理的に思考し表現する能力、互いの立場や考えを尊重して伝え合う能力を育成することや我が国の言語文化に触れて感性や情緒をはぐくむことを重視する。具体的には、特に小学校の低・中学年において、漢字の読み書き、音読や暗唱、対話、発表などにより基本的な国語の力を定着させる。また、古典の暗唱などにより言葉の美しさやリズムを体感させるとともに、発達の段階に応じて、記録、要約、説明、論述といった言語活動を行う能力を培う必要がある。

　さらに、平成20年版総則には、「第4　指導計画の作成等に当たって配慮すべき事項」の中の「2　以上のほか、次の事項に配慮するものとする」として、「（1）各教科等の指導に当たっては、児童の思考力、判断力、表現力等をはぐくむ観点から、基礎的・基本的な知識及び技能の活用を図る学習活動を重視するとともに、言語に対する関心や理解を深め、言語に関する能力の育成を図る上で必要な言語環境を整え、児童の言語活動を充実すること」と示されている（p.16）。

　この平成20年版に合わせ、文部科学省は「言語活動の充実に関する指導事例集～思考力、判断力、表現力等の育成に向けて【小学校版】」（以下「指導事例集」、平成22年12月）を出している。その「まえがき」では、文部科学省初等中等教育局長が、次のように述べている。

　児童に生きる力を育むことを目指し、基礎的・基本的な知識及び技能を修得させ、これらを活用して課題を解決するために必要な思考力、判断力、表現力等を育むとともに、主体的に学習に取り組む態度を養うためには、言語活動の充実を図ることが大切です。

　言語は知的活動（論理や思考）の基盤であるとともに、コミュニケーションや感性・情緒の基盤でもあり、豊かな心を育む上でも、言語に関する能力を高めることが重要で

あり、新しい学習指導要領においては、各教科等において言語活動を充実することとしております。

また、この「指導事例集」では、言語活動の充実についての国語科と各教科等との取り組み方の違いを、以下のように示している（p.3）。

> 　国語科においては、これらの言語の果たす役割を踏まえて、的確に理解し、論理的に思考し表現する能力、互いの立場や考えを尊重して伝え合う能力を育成することや我が国の言語文化に触れて感性や情緒を育むことが重要である。そのためには、「話すこと・聞くこと」や「書くこと」、「読むこと」に関する基本的な国語の力を定着させたり、言葉の美しさやリズムを体感させたりするとともに、発達の段階に応じて、記録、要約、説明、論述といった言語活動を行う能力を培う必要がある。
> 　各教科等においては、国語科で培った能力を基本に、それぞれの教科等の目標を実現する手立てとして、知的活動（論理や思考）やコミュニケーション、感性・情緒の基盤といった言語の役割を踏まえて、言語活動を充実させる必要がある。

平成20年版では、国語においても「言語活動の充実」を図ることが求められた。そこで、平成10年改訂では「3内容の取扱い」に示していた言語活動例を「2内容」に位置付け、具体的な言語活動例を示し、その趣旨をより一層明確にしている。

文部科学省の推進もあり、平成20年版では「各教科等における言語活動の充実」を図ることが全国的に広まった。

しかしその中で、小学校国語科においては、言語活動を行うこと自体が目的化され、国語としての資質・能力の育成を図ることがおろそかにされるような事例も認められる状況が出現した。例えば、「単元を貫く言語活動」として、パンフレットを作ったりペープサートを演じたりするなどの、活動そのものを目的とするような実践も見られた。

言語活動の充実は、平成20年改訂において「各教科等を貫く重要な改善の視点」であるとされた。そこに用いられているのは「各教科等を貫く」という用語であり、「単元を貫く」ではないことに留意したい。

小学校国語科においては、「単元を貫く言語活動」によって、活動ありきの授業が展開されるような例も見られたことから、文部科学省は平成27（2015）年11月、全国の指導主事会議において、今後、文部科学省としては「単元を貫く言語活動」という用語を用いたり実践を紹介したりすることは行わないと明言した。

（3）平成29年版における「言語活動」

平成29年版解説総則編には以下のような記述がある（p.18）。

2　教科等横断的な視点に立った資質・能力の育成

(1) 各学校においては、児童の発達の段階を考慮し、言語能力、情報活用能力（情報モラルを含む。）、問題発見・解決能力等の学習の基盤となる資質・能力を育成していくことができるよう、各教科等の特質を生かし、教科等横断的な視点から教育課程の編成を図るものとする。

　ここで「言語能力」の意味の重要性を述べた後、「言語活動の充実」について、次のように示している（p.21）。

(2) 第2の2の(1)に示す言語能力の育成を図るため、各学校において必要な言語環境を整えるとともに、国語科を要としつつ各教科等の特質に応じて、児童の言語活動を充実すること。

　国語における言語活動は、平成29年版では国語「第1　目標」として示されている。以下に再掲する。

　言葉による見方・考え方を働かせ、言語活動を通して、国語で正確に理解し適切に表現する資質・能力を次のとおり育成することを目指す。

　上記の目標に認められる重要な点は、先にも述べた通り、目標の中に「言語活動を通して」が、今回の改訂で加えられたことである。「言語活動」は、ともすると活動自体が重視され、活動を通して育成すべき資質・能力が軽視されてしまうことがないとは言えない。目標には「言語活動を通して」国語として育成すべき資質・能力が示されている。これにより、言語活動そのものを対象とするのではなく、言語活動を通して国語の資質・能力の育成を図ることが、教科国語として明示された。
　平成29年版解説国語編では、国語の「2内容」に示されている構成を、次のように指摘している（p.10）。

(4) 授業改善のための言語活動の創意工夫
　〔思考力、判断力、表現力等〕の各領域において、どのような資質・能力を育成するかを(1)の指導事項に示し、どのような言語活動を通して資質・能力を育成するかを(2)の言語活動例に示すという関係を明確にするとともに、各学校の創意工夫により授業改善が行われるようにする観点から、従前に示していた言語活動例を言語活動の種類ごとにまとめた形で示した。

　上記に認められるのは、国語の授業における言語活動は、〔思考力、判断力、表現力等〕

の領域で育成される「話すこと・聞くこと」「書くこと」「読むこと」の資質・能力に関して行われる活動ということになる。

2. 資質・能力の育成と言語活動の大切さ

（1）学力の定義と資質・能力

　平成29年版では、コンテンツ・ベース（知識・技能の内容の習得）を中心としたこれまでの学習指導要領の内容を継続するとともに、コンピテンシー・ベース（習得した〔知識及び技能〕を使って、〔思考力、判断力、表現力等〕を育成すること）の資質・能力の育成を図ることを求めている。

　この資質・能力の育成という考え方は、2000年から始まったOECDの国際的な学習到達度調査であるPISA（Program for International Student Assessment）によるものである。この調査では、読解リテラシー、数学的リテラシー、科学的リテラシーについての調査が2000年調査から3年ごとに行われている。前にも述べたように、この調査の中で、読解リテラシーの問題における日本の子供たちの回答は、選択肢への回答はするものの、自由記述や思考力の問題に対して無答が多く、そこに課題があることが調査開始以降、継続的に指摘されている。

　こうした理由から、それまでの日本の近代学校教育で、明治以降、さらに戦後教育においても中心的に行われてきたコンテンツ・ベースの学力の育成から転換し、資質・能力としてのコンピテンシー・ベースの学力の育成を図ろうとしているのである。

　学力とは何かということに関しては、日本の学校教育において、これまでも多くの考え方が存在してきたが、平成19年6月の学校教育法改定において、学力の重要な3つの要素が示され、それにより学校教育における学力は、以下の内容に定義された。

> 第三十条
> 2　前項の場合においては、生涯にわたり学習する基盤が培われるよう、**基礎的な知識及び技能**を習得させるとともに、これらを活用して課題を解決するために必要な**思考力、判断力、表現力**その他の能力をはぐくみ、**主体的に学習に取り組む態度**を養うことに、特に意を用いなければならない。（ゴチックは、引用者）

　上記に示された「知識及び技能」「思考力、判断力、表現力」「主体的に学習に取り組む態度」が、観点別学習状況の評価としての3つの観点にもなっている。

　では、資質・能力とは何か。学力の「学」は、学校教育において育成すべき内容を示している。学ぶことは、学校教育のみではないことも自明である。学校を卒業後も、学び続けることは可能であり、重要でもある。本来ならば、ここまでが学校教育で学ぶこと、ここから先が社会生活を行う上で必要なもの、という区切りはない。そこで、生涯にわたっ

て学び続ける学力として、資質・能力が示されたと言える。

「学力」という用語は、平成20年版、平成29年版では用いられていない。また、平成29年版からは「資質・能力」という用語が用いられている。こうしたことの中にも、時代の変化に応じた学習指導要領の移り変わりが示されていると言えよう。

(2) 国語科で育成すべき資質・能力と言語活動

言語活動が学習指導要領の「第1 目標」で取り上げられているのは、国語と外国語、外国語活動のみである。そこでは、「言語活動」を通して教科が求める「資質・能力」の育成を図ることが求められている。さらに、言語活動は、「2 内容」の〔思考力、判断力、表現力等〕で、具体が示されている。その他の教科は、「第3指導計画の作成と内容の取り扱い」においてである。言語活動は、言語を学ぶ国語と外国語、外国語活動において特に重視されていることが分かる。

平成29年版国語では、それまでの活動領域として示されていた「話すこと・聞くこと」「書くこと」「読むこと」が、学力の3つの重要な要素として示されたうちの1つ、〔思考力、判断力、表現力等〕にまとめられた。このことは、これまで国語の資質・能力を、活動領域を分けて育成してきたことからの転換でもある。

平成20年版には、国語の観点別学習状況が「国語への関心・意欲・態度」「話す・聞く能力」「書く能力」「読む能力」「言語についての知識・理解・技能」の5観点であったものが、平成29年版では、「知識・技能」「思考・判断・表現」「主体的に学習に取り組む態度」の3観点となった。この観点の改訂は、それまでの活動領域を対象としていた学習評価から資質・能力を対象とした学習評価へとシフトするという、大きな転換となっている。にもかかわらず、相変わらず言語「活動」を評価の対象としている例が見られないでもない。十分に心しておきたいところである。

なお、国語の授業において〔思考力、判断力、表現力等〕を育成するには、言語活動が伴わなければ、その実現を図ることはできないことはすでに述べた。単元の国語の授業において、どのような言語活動を用いるのかは指導者が決めることであり、当該単元で育成すべき国語の資質・能力を単元目標として定めた後に、その実現を図るために適切な言語活動を決定していく。

(3) 平成29年版国語における言語活動例

平成20年版における言語活動例は、活動の内容が直接的かつ限定的に示されている。そのため、国語の授業では、言語活動例に示された活動を行うことに焦点が当てられ、指導「事項」に示された国語の資質・能力の育成がおろそかになっていたことは否めない。

また、教科書においても、言語活動例を全て盛り込むことに大きな注意が払われていたため、活動中心の授業展開が行われやすい内容となっていた。

令和2（2020）年度から小学校において用いられている国語の教科書もまた、教科書の

編集と学習指導要領の改訂作業が並行して行われたため、平成20年版に示されている内容が多く残っており、平成29年版全面実施の内容との齟齬があることに十分留意したい。特に、言語活動に関しては、平成20年版の内容がそのまま引き継がれている事例も多く認められる。

　そこで、国語の授業においては、教科書に掲載されている教材を用いることがあっても、言語活動に関しては、平成29年版に示された言語活動例を基にして、授業づくりが行われなければならない。

　平成29年版国語に示されている言語活動例は、「A話すこと・聞くこと」「B書くこと」「C読むこと」の領域ごとに示されており、それぞれの領域の〔思考力、判断力、表現力等〕の資質・能力の育成に関わる言語活動が示されている。「(2)　(1)に示す事項については、例えば、次のような言語活動を通して指導するものとする」となっているのは従前と変わらないが、〔知識及び技能〕の指導「事項」には言語活動例がないことに留意したい。

　「言語活動の充実」は、国語のみの課題ではない。教科等横断的な資質・能力の育成として、言語能力の育成が求められており、その育成の中核となるのが国語であることは言を俟たないが、日々の国語の授業だけでなく、各教科等においても生きて働く言語活動を通して言語能力を育成していくことが大切である。

(4) 言語活動としての「説明」の重要性

　数式も言語、とする考えもある。言語活動は、教育活動の全てに関わると言えよう。では、どのような言語活動が学校教育に機能するのだろうか。

　言語活動として示されている「記録、要約、説明、論述、話合い」の中で、特に重要なのは、「説明」であると考える。

　最近、「分からない」ということが言える授業づくりが注目を集めている。授業中、分かっている子供がいると、その分かっていることを「分からない」と言っている友達に対して「説明」することを行う。本当に分かっているならば、分かっていない友達に分かるように「説明」することができる。しかし、「分からない」と言った子供が、分かっているといった子供からの「説明」を聞いても分からないようであれば、それは、本当に分かっているとは言えない。

　本当に分かっているのであれば、分かっていることの「説明」を行うことができるということである。相手に分かるように「説明」をすることにより、理解が広がり、深まることになる。言語活動としての「説明」の重要性は、ここにある。

第**4**節 平成29年版「内容の取扱い」に見える国語科の現状と課題

1. 平成29年版国語「第3　指導計画の作成と内容の取扱い」

（1）指導計画の作成

①単元としての授業づくり

　平成29年版国語の「第3　指導計画の作成と内容の取扱い」（pp.38-41）の「1」には、配慮する事項が示されており、国語の授業づくりの在り方が示されている。

> （1）単元など内容や時間のまとまりを見通して、その中で育む資質・能力の育成に向けて、児童の主体的・対話的で深い学びの実現を図るようにすること。その際、言葉による見方・考え方を働かせ、言語活動を通して、言葉の特徴や使い方などを理解し自分の思いや考えを深める学習の充実を図ること。

　授業づくりでは、「主体的・対話的で深い学び」の視点から、単元として資質・能力を育成することが求められている。平成29年版では、学習評価が「知識・技能」「思考・判断・表現」「主体的に学習に取り組む態度」の3観点となる。この3つの観点を1時間で指導し、学習評価を行うことは難しい。そこで、単元というスパンの中での資質・能力の育成が求められている。したがって、国語においては、1時間のみを対象とした指導案（いわゆる本時案）ではなく、単元の中で各時間の学習間のつながりが見え、資質・能力が育成されるプロセスが見えるような単元計画こそ大切にしたい。

②学年をまたいだ指導

　国語の学習指導要領は、平成10年改訂の大綱化によって、低・中・高学年の2学年がまとめられて「2内容」の指導「事項」が示される形となり、それは平成29年版においても継承されている。つまり一指導「事項」を一回だけ取り扱うのではなく、同じ「事項」を繰り返し、かつスパイラルに学ばせることにより、確かな資質・能力の育成を図るという考え方である。

　また、指導「事項」そのものを分けて目標としたり、指導「事項」の一部を取り上げて指導したりすることも可能である。それは、指導のねらいを明確にして、児童の実態に合わせた指導を行うことを求めているからである。

　なお、「第3　指導計画の作成と内容の取扱い」の「1」には以下のような記述もある。

（2）第2の各学年の内容の指導については、必要に応じて当該学年より前の学年において初歩的な形で取り上げたり、その後の学年で程度を高めて取り上げたりするなどして、弾力的に指導すること。

「内容の取扱い」でもう一つ心しておきたいのは、〔知識及び技能〕に掲げられている「言葉の特徴や使い方に関する事項」「情報の扱い方に関する事項」「我が国の言語文化に関する事項」の指導は、「話すこと・聞くこと」「書くこと」「読むこと」の指導を通して行っていくことを基本としていることである。

（3）第2の各学年の内容の〔知識及び技能〕に示す事項については、〔思考力、判断力、表現力等〕に示す事項の指導を通して指導することを基本とし、必要に応じて、特定の事項だけを取り上げて指導したり、それらをまとめて指導したりするなど、指導の効果を高めるよう工夫すること。（後略）

こうした考え方から、〔思考力、判断力、表現力等〕を育成する単元においても、基本的に〔知識及び技能〕の目標を立て、評価も3観点で行うのである。

ただし、書写では、〔知識及び技能〕のみを取り上げて指導することも可能である。この場合の評価規準は、「知識・技能」と「主体的に学習に取り組む態度」の2観点となる。

③　領域の指導時数

各学年の内容の〔思考力、判断力、表現力等〕では、指導時数が次のように配当されている。

「A話すこと・聞くこと」

第1学年及び第2学年では年間35単位時間程度

第3学年及び第4学年では年間30単位時間程度

第5学年及び第6学年では年間25単位時間程度

「B書くこと」

第1学年及び第2学年では年間100単位時間程度

第3学年及び第4学年では年間85単位時間程度

第5学年及び第6学年では年間55単位時間程度

昭和52（1977）年改訂から作文に関してのみ指導時数を指定するようになった。その後、「話すこと・聞くこと」と「書くこと」の指導時数が具体的に示されたのは、平成10（1998）年改訂からである。

なぜ、C「読むこと」の指導時数が示されず、「書くこと」と「話すこと・聞くこと」の指導時数だけが示されているのか、そのことを考えていくことは、「読むこと」が偏重されがちであったこれまでの授業を見直すことにつながるだろう。

なお、国語の授業では、どの単元においても、活動としての「話すこと・聞くこと」「書くこと」「読むこと」が行われる。また、それらは互いに関わり合っていることも多い。それゆえ、一つの単元において指導目標を一つの領域に絞らず、複数の領域の目標を掲げる例も見られる。しかし、活動としては話したり聞いたり、書いたり、読んだりしたとしても、それらは中心とした資質・能力を育成するために行うのであるから、全てを目標としたり評価したりするのは望ましくない。社会の時間でレポートを書いても「書くこと」の目標にならないのと同じことである。学習指導要領国語では、「A話すこと・聞くこと」「B書くこと」「C読むこと」の活動それぞれの指導時数を具体的に示すことにより、活動領域を一つに絞って指導することを求めている。

　このことは、国語の授業において、資質・能力としての領域を明確にして、その育成を確実に図ることを求めているからである。国語としての年間指導計画や単元指導案等で各領域の内容や時数をきちんと確保していくことが求められる。

(2) 国語科のカリキュラム・マネジメント

　これまで国語の授業は、教科書の目次に沿って行われてきていることが多かった。しかし、それでは、各学校の児童の実態に沿った国語の資質・能力の育成には、つながりにくい。

　「第1章第4節　教科書カリキュラムからの転換」に示されているように、それぞれの学校の児童の実態に合った、年間指導計画と単元指導案が、今日求められている。

　平成29年版が全面実施された今日、これから約10年間の国語のカリキュラム・マネジメントを各学校で行うことにより、学校や児童の実態に即した国語の資質・能力の育成を図ることが可能となる。

第IV章

資質・能力の育成に向けた
国語科の学習評価

1. 学習評価観の転換

（1）努力が報われにくい相対評価

　昭和23（1948）年の学籍簿（昭和24年から指導要録と改名）では、学習評価の客観性が求められ、正規分布による相対評価（集団に準拠する評価）が導入された。そこでは、評価の比率を、5は7％、4は24％、3は38％、2は24％、1は7％と定めている。

　相対評価はその後、30年にわたって日本の学校教育で行われてきたのであるが、その間に様々な問題点が指摘されるようになった。私たち教師が一番に感じたのは、「地域や学校が変わると成績が変動する」ということではないだろうか。つまり、周りに優秀な子が多ければ、それこそ相対的に成績は下がってしまうのである。そのため、一部の進学校においては比率を変えるなどということも行われたという。

　しかし、この評価のさらなる問題点は、「一人一人の努力が報われにくい」ということではあるまいか。どんなに頑張っても、周りの子が同じように頑張ったのなら成績は変わらない。一方、大して頑張らなくても周りの子の成績が下がれば、成績が上がっていく。つまり相対評価では、一人一人の児童の努力や学習内容の理解度ではなく、属している集団の中での位置付けのみが測られていたのである。

（2）集団に準拠した評価（相対評価）から、目標に準拠した 評価へ

　学習評価が大きく転換したのは、平成10（1998）年改訂に伴って、平成13（2001）年4月に文部科学省初等中等教育局長が出した「指導要録の改善等について」（平成13年4月27日）においてである。ここでは、昭和55（1980）年の指導要録から行われていた観点別学習状況の評価に加え、各教科の評定もまた、学習指導要領に示す目標に照らしてその実現状況を評価する、目標に準拠した評価に改められた。

　目標に準拠した評価は、学習指導要領に示す目標が一人一人の児童にどのように実現しているかを評価するものであり、観点別学習状況の評価を基本として、児童一人一人の学習の状況を適切に評価していくことを求めている。しかしながら、長きにわたって相対評価が行われてきたために評価観の転換は容易ではない。例えば、テストの平均点を出し、それを子供たちに伝える教師も少なくない。だが、目標に準拠した評価が目指すのは一人一人の学習状況の把握であり、平均点より上か下かなどの相対的な位置を知ることではない。子供同士を比べて測るのではなく、一人一人の成長を促すために一人一人を適切に評

価することが求められている。

（3）評価の観点

　評価の観点は、指導要録の改訂によって示されてきた。平成 13 年の指導要録の改訂では、「関心・意欲・態度」「思考・判断」「技能・表現」及び「知識・理解」の 4 観点に整理された。

　平成 19 年 6 月に学校教育法が改訂され、その第三十条 2 項に学力の重要な 3 つの要素として、「知識及び技能」「思考力・判断力・表現力等」「主体的に学習に取り組む態度」が示された（第Ⅲ章 p.61 参照）。

　ここでは「思考力・判断力・表現力」というように 3 者が一体的に捉えられている。それに伴い、平成 22 年の指導要録の改訂では、観点別学習状況の評価の観点を「関心・意欲・態度」「思考・判断・表現」「技能」「知識・理解」とした。

　学力の重要な 3 つの要素と観点別学習状況の評価における内容の一致が完全に図られたのは、指導要録ではなく 28 答申であった。従前までは「学習指導要領」が出た後に「指導要録」が出て評価の観点などが定まるという図式であったが、今回は、学習指導と学習評価は一体的に考えるべきとの理念から答申において学習評価の在り方が示されている。これにより、学習評価は、学力の重要な三つの要素と連動した「知識・技能」「思考・判断・表現」「主体的に学習に取り組む態度」の 3 観点となった。

2. Evaluation（値踏みする評価）から Assessment（支援する、支える評価）への転換

　1980 年代に入って、世界的な潮流として学習評価の捉え方が、それまでの Evaluation（値踏みする評価）としての評価から、Assessment（支援する、支える評価）の評価へと大きく転換する。それは、集団の中での位置付けを問う学習評価から、一人一人の資質・能力の育成を図る学習評価への転換でもあった。

　学習評価とは、一人一人の子供の資質・能力を意味付け、価値付けることであり、さらに、学習評価を行うことによって、子供自身が自分のよさに気付くことにこそ、学習評価の意義と意味とがある。また観点別評価においては、学習評価の対象とするものを、一つの観点（見方）からだけではなく、三つの観点から捉えることにより、多面的・多角的な評価を行おうとするものである。平成 31 年 3 月 29 日に出された「小学校、中学校、高等学校及び特別支援学校等における児童生徒の学習評価及び指導要録の改善等について（通知）」（p.2）には、以下のような記述がある。

　1）カリキュラム・マネジメントの一環としての指導と評価
　「学習指導」と「学習評価」は学校の教育活動の根幹であり、教育課程に基づいて組

織的かつ計画的に教育活動の質の向上を図る「カリキュラム・マネジメント」の中核的な役割を担っていること。

　今回の学習指導要領の改訂において、学習指導と学習評価とが学校教育の重要な内容であることや、それをカリキュラム・マネジメントによって実現すべきことが明示された。
　また、同通知では、学習評価の改善の基本的な方向性として、

【1】　児童生徒の学習改善につながるものにしていくこと
【2】　教師の指導改善につながるものにしていくこと
【3】　これまで慣行として行われてきたことでも、必要性・妥当性が認められないものは見直していくこと

とも示された。「児童の学習改善」や「教師の指導改善」に役立てるためには、教師一人一人が、Evaluation（値踏みする評価）からAssessment（支援する、支える評価）への転換を図ることが大切である。

第2節 重要だからこそシンプルに考えたい評価規準

1. 評価規準の設定と評価の方法

(1) 学習評価をめぐる現状から

　学習評価を「児童の学習改善」や「教師の指導改善」に生かす前に、評価規準の設定や実現状況の判断に疲弊しているという現状はないだろうか。

　学習評価が学校の教育活動の根幹をなすものであるからこそ、すべての教科等の、全ての単元や題材において評価規準を設定することが求められている。しかし、評価規準の設定に膨大な時間や労力を要するとしたら、どうしても教科書会社の指導書に頼ってしまうことになるだろう。

　また、評価を学習や指導に生かすためには、その実現状況を判断するための方法も考えておく必要がある。しかし現状、方法についての明確な方針が示されていないので、手さぐりで取り組んでおられる先生方も多いのではないだろうか。

　「評価が大切だからこそ、シンプルで使いやすいものにする」

　そんな視点から、評価の在り方について考えてみたい。

(2) 評価規準の設定

　学習指導要領の内容は、すべての児童生徒が身に付けるべきものとされており、いわば最低基準である。そして、それが身に付いているかを検証し、児童の学習や教師の指導の改善を図っていくのが学習評価の働きである。

　今回の改訂においてはすべての教科において、学習指導要領の内容が〔知識及び技能〕と〔思考力、判断力、表現力等〕に整理された。そして、指導と評価の一体化の観点から、〔知識及び技能〕の指導「事項」を基にして「知識・技能」の評価規準が、また〔思考力、判断力、表現力等〕の指導「事項」を基にして「思考・判断・表現」の評価規準が設定され、それを通して資質・能力の着実な育成が図られることになった。

　このことから言えるのは、

①評価規準は、学習指導要領の「2　内容」の指導「事項」に基づいて設定されること

②適切な評価を通して、すべての児童生徒に学習指導要領に記載された指導「事項」を実現させるような授業を目指すべきこと

の2点であろう。

（3）内容のまとまりと評価規準の設定

　国立教育政策研究所の「『指導と評価の一体化』のための学習評価における参考資料」
（以下、「参考資料」と呼ぶ）では、「内容のまとまり」という考え方を打ち出している
（p.15）。

　　このため、「2　内容」の記載はそのまま学習指導の目標となりうるものである。学習
　指導要領の目標に照らして観点別学習状況の評価を行うに当たり、児童生徒が資質・能
　力を身に付けた状況を表すために、「2　内容」の記載事項の文末を「〜すること」から
　「〜している」と変換したもの等を、本参考資料において「内容のまとまりごとの評価
　規準」と呼ぶこととする。
　　ただし、「主体的に学習に取り組む態度」に関しては、特に、児童生徒の学習への継
　続的な取組を通して現れる性質等を有することから、「2　内容」に記載がない。そのた
　め、各学年（又は分野）の「1　目標」を参考にしつつ、必要に応じて、改善等通知別
　紙4に示された学年（又は分野）別の評価の観点の趣旨のうち「主体的に学習に取り組
　む態度」に関わる部分を用いて「内容のまとまりごとの評価規準」を作成する必要があ
　る。
　　なお、各学校においては、「内容のまとまりごとの評価規準」の考え方を踏まえて、
　学習評価を行う際の評価規準を作成する。

　この「内容のまとまり」から単元の評価規準を設定する方法は各教科等によってまちま
ちであるが、国語科はシンプルな構造になっている。
　「知識・技能」と「思考・判断・表現」については、基本的には指導「事項」の文末を
「〜している」と変えるだけで評価規準が設定できるのである。「参考資料」の国語には、
以下のような記述がみられる（p.32）。

　　国語科においては、指導事項に示された資質・能力を確実に育成するため、基本的に
　は「内容のまとまりごとの評価規準」が単元の評価規準となる。

　ここで「基本的に」とあるのは、指導「事項」の一部を用いて評価規準を作成する場合
もあり得るからである。
　国語科の評価規準の設定がこのようにシンプルであることにより、2つの利点が生まれ
た。
　1つは、このことにより各学校間における評価規準の違いが少なくなったことである。
これは、教育の機会均等を保障することにもつながる。
　もう1つは、評価規準の設定に手間がかからなくなったということである。浮いた時間
で、評価規準に示す姿がどの子供にもおおむね満足できる状況として実現できるような手

立てを講じていきたい。

　なお、「主体的に学習に取り組む態度」の評価規準については対応する指導「事項」がないので、各校で設定する必要がある。このことについては、「主体的に学習に取り組む態度の評価」の項で詳しく述べる。

（4）A 規準は設定しない

　時々 A 規準を設定した指導案を見かけることがあるが、A 規準の設定は好ましくないと考える。学習指導要領の指導「事項」を基に評価規準を設定するからこそ全国的な教育の機会均等を保障することになるのであって、各学校で設定する A 規準には明確な根拠が求められないからである。

　しかし、それ以上に問題なのは、A 規準を設定することで、子供たちの多様なよさを見逃す結果につながりかねないことである。このことについて、国立教育政策研究所が作成した「学習評価の在り方ハンドブック」の「Q & A」には、次のような記載がある（p.12）。

　Q2　「十分満足できる」状況（A）はどのように判断したらよいのですか。
　　A．各教科において「十分満足できる」状況と判断するのは、評価規準に照らし、児童生徒が実現している学習の状況が質的な高まりや深まりをもっていると判断される場合です。「十分満足できるJ　状況（A）と判断できる児童生徒の姿は多様に想定されるので、学年会や教科部会等で情報を共有することが重要です。

　「質的な高まりや深まりをもっている」状況は「多様に想定される」のであり、学校でA 規準を設定してしまうと、多様な高まりや深まりを見逃しかねないことになる。

（5）A は実現の状況である

　ところで、「質的な高まりや深まりをもっている」とはどのような状況であろうか。それは学習指導要領の内容を越えた状況であろうか。子供たちは学習指導要領の範囲で学んでいては A がもらえないのであろうか。

　A については、様々な書籍において独自の見解が述べられたり、A と判断した例が紹介されたりしている。しかし、そのような例が紹介されればされるほど、「このような姿が見られないと A にはならないんだ」というように、A の範囲が狭められてしまうのではないだろうか。また、子供の表れは多様で同じものは 2 つとないだけに、1 つの例を紹介されると、参考になるというよりも A の評価がますます難しいものに感じてしまうのではないだろうか。

　繰り返しになるが、評価規準は 1 つだけである。だとしたら、きわめてシンプルに「評価規準をおおむね実現している状況を B」「十分実現している状況を A」と判断すればよいと考える。

おおむねとは、大体とかおよそという意であるから、すべてが実現しているわけではなく、まだ改善すべき点や向上すべき点がある状況だと言えよう。こういう場合をBとする。

　一方で、当該単元の学習において、「この子は十分に評価規準を実現しているな」とか「このままの姿勢で学び続けてほしいな」と思えるような子はかなりの数いるはずである。学習指導要領の範囲内においては特に指導すべきことがないということであれば、「十分」、つまりAと判断してよいのではないか。Aと評価し、それを伝えていくことは、子供たちに対して、「今の学習は素晴らしいよ。このまま頑張ってね」というメッセージを送ることにもなるだろう。

　評価規準をA・B別々に設定するのではなく、指導「事項」に基づいて設定した評価規準に照らして、「十分満足できる状況」であるのか「おおむね満足できる状況」であるのかを判断することを提案したい。

（6）評価の方法

　評価規準を設定したら、その実現状況を見取るための評価の方法を考えておく必要がある。時々指導案に「ノート」「ワークシート」「発言」などと記載されているものを見かけるが、「ノート」や「ワークシート」はツールであり、「発言」は行動であって、それだけを記載して評価の方法にするというのでは不十分であろう。ノートであれば、何が書かれているか（あるいは書かれていないか）を把握し、それが育成すべき資質・能力とどのようにつながっているのかを判断しなければならない。

　私たちは指導計画に以下のような評価方法を位置付けて評価を行うこととしている。

〈評価方法〉
○　音声言語・文字言語により、表現されたもので評価する。
　　①　観察、点検
　　　　行動の観察：学習の中で、評価規準が求めている発言や行動などが行われているかどうかを「観察」する。
　　　　記述の点検：学習の中で、評価規準が求めている内容が記述されているかどうかを、机間指導などにより「点検」する。
　　②　確認
　　　　行動の確認：学習の中での発言や行動などの内容が、評価規準を満たしているかどうかを「確認」する。
　　　　記述の確認：学習の中で記述された内容が、評価規準を満たしているかどうかを、ノートや提出物などにより「確認」する。
　　③　分析
　　　　行動の分析：「行動の観察」や「行動の確認」を踏まえて「分析」を行うこと

により、評価規準に照らして実現状況の高まりを評価する。

記述の分析：「記述の点検」や「記述の確認」を踏まえて、ノートや提出物などの「分析」を行うことにより、評価規準に照らして実現状況の高まりを評価する。

①〜③は、評価に関わる様子と程度を表している。

①の観察や点検について言えば、例えば子供たちがノートに何かを書いているとき、机間指導しながら、課題に沿って記述しているかどうかを評価し指導するというようなものであり、A・B・Cを判断するようなものではない。

②の確認について言えば、例えば集めたノートを見ながら子供の理解度や思考の様子、学びに向かう姿などを評価するものであり、主にCの子を見つけ出し、Bにまで引き上げるための指導の計画を立てていく。

③の分析について言えば、学習の一定のまとまりの中で、育成すべき資質・能力がどの程度育っているかを評価するものであり、単元末に総括的な評価を行うときなどに行っていく。

第 3 節 国語科における 3 観点の評価

1.「知識・技能」の評価

（1）生きて働く知識・技能

　平成 27（2010）年 8 月 26 日に教育課程企画特別部会から出された「論点整理」においては、資質・能力の 3 つの柱について以下のように記載されている。

> ⅰ）「何を知っているか、何ができるか（個別の知識・技能）」
> ⅱ）「知っていること・できることをどう使うか（思考力・判断力・表現力等）」
> ⅲ）「どのように社会・世界と関わり、よりよい人生を送るか（学びに向かう力、人間性等）」

　それが、28 答申においては、次のような表現に変わっている。

> ①「何を理解しているか、何ができるか（生きて働く「知識・技能」の習得）」
> ②「理解していること・できることをどう使うか（未知の状況にも対応できる「思考力・判断力・表現力等」の育成）」
> ③どのように社会・世界と関わり、よりよい人生を送るか（学びを人生や社会に生かそうとする「学びに向かう力・人間性等」の涵養）」

　両者にいくつか違いはあるのだが、注目すべきは、「知っている」という言葉が「理解している」という言葉に変わっていることである。また、28 答申においては、「知識・技能」の前に「生きて働く」という言葉が付けられている。これは、知識・技能は重要であるが、例えば知識については、単に大量に記憶し正確に再生できればそれでよいということではなく、習得した知識が何かを考えたり表現したりすることに機能することが大切であるということを明確にしたものであると思われる。

　先の 28 答申には、次のような記載が見られる（pp.28-29）。

> 　各教科等において習得する知識や技能であるが、個別の事実的な知識のみを指すものではなく、それらが相互に関連付けられ、さらに社会の中で生きて働く知識となるものを含むものである。（中略）技能についても同様に、一定の手順や段階を追って身に付く個別の技能のみならず、獲得した個別の技能が自分の経験や他の技能と関連付けら

れ、変化する状況や課題に応じて主体的に活用できる技能として習熟・熟達していくということが重要である。

　このことを、「酸素」という漢字を例にとって考えてみよう。漢字テストで出題されれば正しく書けるにもかかわらず、理科のテストでは「さんそ」と書く。こうした場合、知識・技能を習得していると言えるのだろうか。

　平成29年版の〔知識及び技能〕の「漢字」に関する事項の文末は、どの学年においても「文や文章の中で使うこと」となっている。漢字テストで書けるということは、漢字を「知っている」と言えるかもしれないが、漢字を「理解している」とは言えないのかもしれない。漢字テストで満点を取ることが漢字学習の目的になってはならない。知識・技能は生活の中で役立ち、考えたり感じたり表現したりするときのベースになってこそ、意味があるのである。

　したがって、知識・技能の評価においても、活用できるものとして習得されているかどうかがポイントとなる。このことを、「児童生徒の学習評価の在り方について（報告）」（初等中等教育分科会教育課程部会、平成31（2019）年1月、以下「31報告」）では、次のように述べている。

○　「知識・技能」の評価は、各教科等における学習の過程を通した知識及び技能の習得状況について評価を行うとともに、それらを既有の知識及び技能と関連付けたり活用したりする中で、他の学習や生活の場面でも活用できる程度に概念等を理解したり、技能を習得したりしているかについて評価するものである。

（2）　知識・技能をどう評価するか

　31報告には、それを評価する際の留意点についても述べられている。（p.8）

○　具体的な評価方法としては、ペーパーテストにおいて、事実的な知識の習得を問う問題と、知識の概念的な理解を問う問題とのバランスに配慮するなどの工夫改善を図るとともに、例えば、児童生徒が文章による説明をしたり、各教科等の内容の特質に応じて、観察・実験をしたり、式やグラフで表現したりするなど実際に知識や技能を用いる場面を設けるなど、多様な方法を適切に取り入れていくことが考えられる。

　「知識・技能はテストで見られる、あるいはテストで見ればよい」といった声を聞くこともあるが、「生きて働く知識・技能」の評価という視点に立てば、様々なパフォーマンスを通して見取るとともに、見取った内容に基づいて適切な指導を行うことが求められているのではないだろうか。相変わらず、ワークテストの使用は盛んである。ワークテストでは「思考・判断・表現」や「主体的に学習に取り組む態度」の評価が困難であるとの認

識は深まってきたが、「知識・技能」の評価には適していると考えられているという声もあった。しかし、そうした考え方も、今後は見直していく必要に迫られている。

2. 「思考・判断・表現」の評価

(1) アウトプットを大切に

考える力を評価することは難しい。何を、どのように考えているのか、子供たちの頭の中を覗いてみることはできないからだ。そこで、考えたことをアウトプットさせることが大切となる。「書くこと」や「話すこと」においてはもちろんであるが、「読むこと」や「聞くこと」においても、アウトプットなしでは評価できない。

例えば読むことの学習を例にとろう。

学習課題についての自分の考えを書かせる。それをもとに友達と話し合わせる（このときも、いつも全体で話し合わせるだけでなく、ペアやグループなど、少人数で話し合わせることも大切だ。それだけ、アウトプットの機会が増えるからである）。そして、学習のまとめや振り返りを書かせる。それらの全てが評価の材料となる。

教師が発問し、一部の子供がそれに答えて終わってしまうような学習では、思考・判断・表現の評価はできないし、そもそも〔思考力、判断力、表現力等〕の育成も望めないだろう。31報告には、次のような記載がある（p.9）。

> 具体的な評価方法としては、ペーパーテストのみならず、論述やレポートの作成、発表、グループでの話合い、作品の制作や表現等の多様な活動を取り入れたり、それらを集めたポートフォリオを活用したりするなど評価方法を工夫することが考えられる。

(2) 言語活動を評価するのではない

国語科においては、話す・聞く力、書く力、読む力といった思考力・判断力・表現力は言語活動を通して育成し、また、言語活動によってアウトプットされたものを使って評価していくのであるが、しかし、評価するのは育成すべき力の育ちであって、言語活動そのものの良し悪しではない。

こんな授業を見たことがある。4年の「ごんぎつね」の学習で、子供たちがパンフレットを作っていた。パンフレット作りという言語活動を否定するものではないが、出来上がったパンフレットはとても手の込んだものが多く、中には開けたとたんに「ごん」が飛び出してくるような仕掛けが施されているものまであった。

言語活動は評価規準として示された資質・能力を育成するために行うものであり、それ自体が目的化されることがあってはならないし、ましてそのパンフレットの出来具合で評価を行ってはならないだろう。飛び出す「ごん」をつくる時間に、作品を読み込んでほしかったというのが率直な感想であった。

（3）国語科における「思考・判断・表現」の評価の難しさ

「参考資料」（国語）（令和2（2020）年6月、p.31）には、次のような記載がある。

> ○「思考・判断・表現」のポイント
> ・基本的に、当該単元で育成を目指す資質・能力に該当する〔思考力、判断力、表現力等〕の指導事項について、その文末を「〜している。」として、「思考・判断・表現」の評価規準を作成する。なお、育成したい資質・能力に照らして、指導事項の一部を用いて評価規準を作成することもある。

　指導「事項」をそのまま転記し、文末を「〜している」とするだけで単元の評価規準にできるということになれば、評価規準の作成は容易となり、また、指導者によってバラバラになる恐れも少なくなる（「知識・技能」についても同じ考え方である）。

　しかし、国語科の指導「事項」についてはスパイラルな学びを通して2年をかけて実現していくべきものであり、これをそのまま単元の評価規準とするとき、その実現状況の判断が難しい。児童の発達段階に合わせて教材や題材の難易度を変えたり言語活動の対象や方法を工夫したりするなどして、どの学年、どの単元においても発達の段階に応じた評価ができるように心がけていきたい。

（4）「思考・判断・表現」の評価を総括することの難しさ

　評価の観点が「知識・技能」「思考・判断・表現」「主体的に学習に取り組む態度」の3観点に整理されたことに伴い、国語科では「話すこと・聞くこと」「書くこと」「読むこと」の各領域の評価がすべて「思考・判断・表現」の中に包括されることになった。通知表の作成などにおいて、「単元ごと、領域ごとの評価結果をどう総括化したらよいのか」、また、「総括した結果、子供の実態が見えにくくなった」という疑問や戸惑いが広がっている。

　そもそも、単元ごとに評価した内容を一つにまとめてしまうことに無理があるのかもしれない。通知表においてA・B・Cを付けて学習状況を伝えることには限界があるとの前提のもと、学習の形成過程における評価を充実させるとともに、それを子供たちや保護者に積極的に伝えていくことが大切なのではあるまいか。

　例えば、振り返りなどで子供たちが書いた文にコメントを付ける。あるいは話合いの中で出された意見を、育成すべき資質・能力との関連から評価し、その結果を個々に伝えていく。そのような日常的な評価を重ねていくことが指導と評価の一体化であり、観点別評価を総括するときに生じる軋轢を和らげる、唯一の方法であるように思う。

3. 「主体的に学習に取り組む態度」の評価

(1)「関心・意欲・態度」から「主体的に学習に取り組む態度」へ

　昭和55（1980）年の指導要録の改訂において「関心・態度」の観点が初めて示され、平成3年の指導要録の改訂において、それは「関心・意欲・態度」という名に変更されたが、「どうやって評価したらよいのか」という教師の悩みはずっと続いていた。

　提出物をチェックする。発言回数を数える。ノートの丁寧さを見取る。しかし一方で、多くの教師が、「こうした評価の方法では特定の子供にのみ高評価が集中するのではないか」とか、「本当に頑張るというより、頑張っている姿をアピールする子を育てていないか」といった疑問も抱えていた。そうした様々な葛藤への解決の方法の一つが「関心・意欲・態度」改め「主体的に学習に取り組む態度」への転換であったと思う。

　28答申では、次のように述べられている（p.62）。

○　評価の観点のうち「主体的に学習に取り組む態度」については、学習前の診断的評価のみで判断したり、挙手の回数やノートの取り方などの形式的な活動で評価したりするものではない。子供たちが自ら学習の目標を持ち、進め方を見直しながら学習を進め、その過程を評価して新たな学習につなげるといった、学習に関する自己調整を行いながら、粘り強く知識・技能を獲得したり思考・判断・表現しようとしたりしているかどうかという、意思的な側面を捉えて評価することが求められる。

○　このことは現行の「関心・意欲・態度」の観点についても本来は同じ趣旨であるが、上述の挙手の回数やノートの取り方など、性格や行動面の傾向が一時的に表出された場面を捉える評価であるような誤解が払拭し切れていないのではないか、という問題点が長年指摘され現在に至ることから、「関心・意欲・態度」を改め「主体的に学習に取り組む態度」としたものである。こうした趣旨に沿った評価が行われるよう、単元や題材を通じたまとまりの中で、子供が学習の見通しを持って学習に取り組み、その学習を振り返る場面を適切に設定することが必要となる。

(2) 大切なのは資質・能力を育成しようとしているかどうか

　ここで注目すべきは、「知識・技能を獲得したり思考・判断・表現しようとしたりしているか」という文言であろう。つまり、単元の他の観点を実現しようとしているかどうかを見るのである。例えば、先に挙げた「ごんぎつね」のパンフレット作り。中心的な評価規準が、思考・判断・表現の「『読むこと』において、登場人物の気持ちの変化や性格、情景について、場面の移り変わりと結び付けて具体的に想像している」であるなら、パンフレットを作るという学習活動を通して、そうした力を身に付けようとしているかどうかが評価されるべきなのであって、たとえ熱心にパンフレットを作っていたとしても、それが評価規準の実現に寄与するものとなっていなければ指導が必要となる。

（3）粘り強さと自己の学習の調整

28答申を受けて出された31報告の中には、注目すべき記述がある（p.11）。

○　本観点に基づく評価としては、「主体的に学習に取り組む態度」に係る各教科等の
　評価の観点の趣旨に照らし、
　　①　知識及び技能を獲得したり、思考力、判断力、表現力等を身に付けたりするこ
　　　とに向けた粘り強い取組を行おうとする側面と、
　　②　①の粘り強い取組を行う中で、自らの学習を調整しようとする側面、
　という二つの側面を評価することが求められる。

　つまり他の観点の資質・能力の育成に興味・関心をもって取り組むだけでなく、「粘り
強さ」と「自らの学習を調整しようとする」という2つの側面が求められたのである。
　そのことから、「参考資料」（国語）は、主体的に学習に取り組む態度の評価規準につい
て次のように記している（p.33）。

　　このことを踏まえれば、以下の①から④の内容を全て含め、単元の目標や学習内容等
　に応じて、その組合せを工夫することが考えられる。なお、〈　〉内の言葉は、当該内
　容の学習状況を例示したものであり、これ以外も想定される。
　　①粘り強さ〈積極的に、進んで、粘り強く等〉
　　②自らの学習の調整〈学習の見通しをもって、学習課題に沿って、今までの学習を生
　　　かして等〉
　　③他の2観点において重点とする内容（特に、粘り強さを発揮してほしい内容）
　　④当該単元の具体的な言語活動（自らの学習の調整が必要となる具体的な言語活動）

　また、同書には具体的な事例も載っているが、その中の1つである第2学年の「話す
こと・聞くこと」の単元「夏休みの思い出を報告しよう」では、「主体的に学習に取り組
む態度」の評価規準として次のものが掲げられている（p.42）。

　　進んで、相手に伝わるように話す事柄の順序を考え、学習の見通しをもって報告しよ
　うとしている。

　しかし、報告するという言語活動をも評価規準に含めていいものかというところは議論
の分かれるところであろう。さらにこの例だと言語活動が文末にきてしまっているので、
育成すべき資質・能力を評価するのではなく、「報告しようとしているかどうか」という
言語活動を評価してしまうことにならないだろうか。
　また、評価規準はすべての児童が実現を目指すべきB規準である。「進んで」という言

葉を入れることでハードルが高くなり過ぎないだろうか。

　そこで、本書では以下の文型に沿って「主体的に学習に取り組む態度」の評価規準を設定することとした。こうしておくことで育成すべき中心的な資質・能力さえ押さえれば、簡単に、しかもどの単元においても評価規準が設定できると考えたからである。

　主体的に（知識及び技能を獲得）したり、（思考力、判断力、表現力等を身に付け）たりすることに向けた粘り強い取組を行う中で、自らの学習を調整しながら学ぼうとしている。

第4節 子供たちに評価を伝える「学びのプラン」

　これまで学校では、教育活動で行う内容を、授業に先立って児童に示すことはなかった。しかし、子供たちに、あらかじめ学習の見通しとして「何を学ぶか」「どのように学ぶか」「何ができるようになるか」を示しておくことにより、子供たち自身が、学ぶ目的と内容・方法などを明確に知ることができるようになり、主体的に学習に取り組むことが期待できる。31報告に、以下の記述がある（p.14）。

（3）評価の方針等の児童生徒との共有について
○　これまで、評価規準や評価方法等の評価の方針等について、必ずしも教師が十分に児童生徒等に伝えていない場合があることが指摘されている。しかしながら、どのような方針によって評価を行うのかを事前に示し、共有しておくことは、評価の妥当性・信頼性を高めるとともに、児童生徒に各教科等において身に付けるべき資質・能力の具体的なイメージをもたせる観点からも不可欠であるとともに児童生徒に自らの学習の見通しをもたせ自己の学習の調整を図るきっかけとなることも期待される。
　　また、児童生徒に評価の結果をフィードバックする際にも、どのような方針によって評価したのかを改めて共有することも重要である。
○　その際、児童生徒の発達の段階にも留意した上で、児童生徒用に学習の見通しとして学習の計画や評価の方針を事前に示すことが考えられる。特に小学校低学年の児童に対しては、学習の「めあて」などのわかり易い言葉で伝えたりするなどの工夫が求められる。

　ここでは、学習の主体である子供たちに、「何をどう学び、どのように評価されるか」を、単元の授業の初めに「見通し」として示しておくことが求められている。そのための具体的な方法として、単元の指導計画を、子供を主語とした言葉で書き直した「学びのプラン」を配付するのも一つの方法である（実践編第Ⅰ章 p.94 実践例②参照）。
　「学びのプラン」については、「授業内容と学習評価を先に示しておくと、子供たちはそれしか行わなくなるのではないか」とか、「学習に対しての驚きや分かる楽しさを失うことになるのではないか」との指摘もある。しかし、実際に取り組んでみるとそのようなことはあまり起こらず、子供たちはかえって意欲的になっていくようである。やはり、授業が進むにつれ、分かるようになったことやできるようになったことが増えたと実感できることは、子供たちの大きな喜びとなるからであろう。また、テスト用紙を見て初めて「ここが大切だったのか」と知るのではなく、事前に学びのポイントが示されていると、評価

に対する信頼度も増すようである。

　高学年になっていけば、「学びのプラン」を活用して、十分に理解できなかったことを復習したり、次の学習に興味をもって予習したり子が出てくることも期待できる。

　長い間評価情報は教師の手の中に隠され、伝えられるのは常に結果が出た後であった。しかし、評価が子供たちの成長を促すものになるためには、必要に応じて子供たちに伝えていくことも、今後は試みていくべきであろう。

第 I 章

授業改善のために
―子供たちが真剣に考えたくなる授業づくり―

1 学習課題から「問い」を生む

単元 「登場人物の気持ちの変化を読み取ろう」

教材 「ごんぎつね」（光村図書4年下）

学年・領域 第4学年　C読むこと　　**指導時期** 11月　　**指導時数** 10時間

1. 単元の評価規準と指導計画

単元の評価規準

知識・技能	思考・判断・表現	主体的に学習に取り組む態度
①様子や行動、気持ちや性格を表す語句の量を増し、語彙を豊かにしている。〈(1)オ〉	①「読むこと」において、登場人物の気持ちの変化や性格、情景について、場面の移り変わりと結び付けて具体的に想像している。〈C(1)エ〉 ②「読むこと」において、文章を読んで感じたことや考えたことを共有し、一人一人の感じ方などに違いがあることに気付いている。〈C(1)カ〉	①主体的に気持ちや性格を表す語句を獲得したり、登場人物の気持ちの変化などについて想像したり、文章を読んだときの感じ方には違いがあることに気付いたりすることに向けた粘り強い取組を行う中で、自らの学習を調整しながら学ぼうとしている。

単元で取り上げる言語活動

　物語を読み、考えたことや想像したことを伝え合う活動

単元の指導計画

		評価規準と評価方法	学習活動
第一次	1・2		○「ごんぎつね」を読み、初発の感想をノートに書いた後、それを伝え合いながら学習課題を設定する。
		ごんと兵十の二人の関係は、どんな関係だろう	
			○ごんと兵十の関係を考え、方眼黒板の関係図にネームプレートを貼って自分の考えを表す。
第二次	3〜5	[知識・技能①] 行動（話合い）の観察と記述（ノート）の確認 [思考・判断・表現①] 記述（ノート）の分析	○ごんの行動や気持ち、性格や境遇に着目して交流する。 ・ひとりぼっちのごんの思いを読み取る。 ・償いをはじめたごんの思いを読み取る。 ・償いを続けるごんの思いを読み取る。
第三次	6〜10	[思考・判断・表現②] 記述（ノート）の分析 [主体的に学習に取り組む態度①] 行動（話合い）の分析と記述（ノート）の分析	○二人の距離の変化を読み、交流する。 ・ごんが兵十に近付いていることとその理由を読み取る。 ・実際の距離だけでなく、ごんと兵十それぞれの心の距離についても考える。 ○兵十がごんを撃ったわけを考える。 ○二人の関係はどうなったのかについて、考えを交流する。

2. 学習課題と「問い」

　国語科の授業において子供たちが主体的に学習に取り組むためには、学習課題が大切になってくる。単元で育成すべき資質・能力（「何ができるようになるか」）を決めるのが教師である以上、学習課題（「何を学ぶか」）を決めるのも基本的には教師である。しかし、教師が決めた学習課題を一方的に提示したのでは、子供たちの「やらされ感」だけが強く

なり、一人一人の子供たちが主体的に学ぶ姿は想像しにくい。そこで、なるべく子供たちの声を生かそうと考え、かつては初発の感想の中から一人、二人の子供の声を拾いながら学習課題を作るような取組も行ってきた。しかし、それが本当に一人一人の解決したい課題となっているのか、また学級全体の課題意識につながっているのかと疑問が残った。そうしたことから、この単元では、教師が育成すべき資質・能力をしっかりと踏まえた上で、学習課題を子供たちの話合いの中で作っていくこととした。

　読みの授業においては、子供同士の交流を通して、他者の読みのよさを知るとともに、他者の読みをきっかけにもう一度テキストを読み直そうとする姿を生みだしたい。子供がそれぞれの考えを受け止め、それをもとに課題解決へ向け、考えを広げていく姿を目指していきたい。個の読みから集団の読み、そして個の読みにも戻ることで読みを深めるような姿を期待したい。そうした姿を、学習課題づくりにおいても生みだしたいと願ったのである。

　また、学習課題を追究する中で、子供たちは様々な「問い」（疑問）をもつに違いない。それも取り上げ、学習課題の解決に結び付けていきたいと考えた。

　読むことの学習においては、単元を通した学習課題が読みの原動力となるが、さらにそこから生まれた「問い」を取り上げることで、子供たちの意欲を高め、学習を活性化できるのではないかと考えたのである。また、その「問い」を追究する中で、新たな「問い」が生まれることも期待したい。新しい文章に出合うことで生まれる「問い」も大切だが、より切実な「問い」となるのは、「わかっているつもりの中にある問い」ではないだろうか。それを引き出すために、言葉に敏感に反応し、課題解決に向けて「問い」をつないでいく子供の姿を目指していくことが大切だと考えている。

3.　指導の実際

> 1～2時間目　初発の感想を基に学習課題を生み出し、単元を見通す

　学習は、ごんぎつねを初読した後の、子供たちの読みのズレを確かめることから始まった。「ごんは兵十に近付いて、兵十のためにいろいろやっているのに可愛そう」や「でも、兵十はそのことに気付いてないんじゃないかな」「最後に兵十は気づいているからよかったと思う」など、撃たれてしまったごん側の視点と撃ってしまった兵十側の視点から感想が出された。このズレを生かすために、「どうして、かわいそうという言葉とよかったという感想が出てきたのかな？」と聞いてみた。すると、「ごんと兵十がどう感じているかが違うんじゃない？」「二人の気持ちって変わってきているんじゃないかな」などの声が聞かれた。その後、ある子が「気持ちが変わったのなら、ごんと兵十の二人の関係が変わったのだと思うんだけど、最後はどんな関係だった言えるのかな？」と発言すると、この言葉に対して、「確かに」「みんなに聞きたい」「交流しようよ」という言葉が続いた

ので、次時に話し合うこととした。ごんと兵十の関係について話し合うことは、「様子や行動、気持ちや性格を表す語句に着目しながら、語彙を豊かにしつつ」、「登場人物の気持ちの変化や性格、情景について、場面の移り変わりと結び付けて具体的に想像すること」と「文章を読んで感じたことや考えたことを共有し、一人一人の感じ方などに違いがあることに気付ける」ことにつながると判断したからである。2時間目には、ごんと兵十の関係について話し合い、プラスの関係なのかマイナスの関係なのかを考えた。

話合いの中で、プラスに捉えている子には「最後、分かり合えたから」や「兵十がごんに気付いてくれた」「ごんがよい行動をするように変化している」という考えが多かった。マイナスに捉えている子には「ごんを撃ってしまったことに対して、兵十も嫌な気もちになっている」や「ごんも後悔しているけれど、兵十も後悔している」という考えが多かった。この2つの考えのズレから、「撃たれなければ、二人はいい関係になっていたかも」「撃たれるのは仕方なかったのでは…」とごんが撃たれてしまったこと、兵十が撃ってしまったことに目を向ける発言が続いた。二人の関係の捉えのズレを基に「ごんと兵十の二人の関係はどんな関係だろう」を単元で解決したい学習課題とした。

子供たちはそれを解決するために、より詳しく読んでいく必要があることに気付いていった。「ごんは撃たれる危険があったはずなのに兵十に近付いて行ったんだよね」という発言をきっかけとして、子供たちは二人の距離の変化に着目し始めた。そして、「ごんはなぜ兵十に近付いたのか気になるよ」という「問い」が生まれた。学習課題が「問い」へとつながった場面であった。学習課題を解決するための1つの「問い」として生まれた「ごんはなぜ兵十に近付いたのだろう」についても単元の後半で話し合うこととした。

なお、単元を通した学習課題が常に意識できることと、それについての自分の立場を明らかにするために、方眼黒板にネームプレートを貼った。なお、このネームプレートは、学習の途中でも貼る位置を自由に変えられることとした。

次ページの図で丸で囲んだAさんは、話合いを終えて、ノートに次ページのように書いている。

友達の意見を受けて最初の考えが強まっている一方で、反対の意見にも共感を示しており、学習課題に対する学習意欲が向上していることが分かる。

ごんと兵十の関係を「食い違い」の関係から、「最後に互いをわかり合う」関係に変わっていったと考え、話合いをもとに、二人の関係をややプラスではないかと考えていた。

Aさんのノートの記述

　ぼくは、ごんと兵十の関係は食いちがいからわかり合うプラスの関係に変化したと思いました。その一番の理由は、Bさんの意見に似ていて、P5の二人の会話で二人の思いが重なったところです。…（中略）…しかし、そこで二人が親しくなって終わったとしても、Cさんの「そうすぐに親友にはなりにくい」という意見にも共感します。…

| 3～5時間目　ごんの思いを読み取る |

　学習課題である二人の関係を考えるという視点をもちながら、3時間をかけて、ごんの行動や気持ちなどを読み取っていった。まずは、ひとりぼっちのごんの思いを読み取っていったが、子供たちの中からは、「兵十にかまってほしいからいたずらをしたのではないか」という発言もあった。

　また、ごんがなぜ償いを始めたのか、そして、失敗を重ねてもなぜやめなかったのかについても話し合った。ごんの、兵十に対する気持ちを読み取ることは、「登場人物の気持ちの変化を場面の移り変わりと結び付けて読む」力を育成するとともに、6時間目からの「問い」の解決のためにも有効な材料となった。

| 6・7時間目「ごんはなぜ兵十に近付いたのか」という「問い」について考える |

　ごんと兵十の物理的な距離と心理的な距離の視点から、「ごんはなぜ兵十に近付いたのか」について、子供たちが読み進めていった姿をまとめていく。

　まず、この「問い」の解決に向けて、ごんの行動や心情の変化を読み取ることを行った。子供たちは、「月のいい晩」「かくれて兵十をまつ」「二人の話を聞くために、かげぼうしをふみふみ歩く」などの表現から、ごんが兵十のすぐそばにまで近付いていることに気付いた。また、「おもしろくない」「引き合わないな」と思いながらも明くる日に兵十の家に行くごんの心内語や、今まで物置きの前に届けていた栗を家の中にかためておくという行動の変化から、心理的に近付いていることにも気付いていた。

Aさんのノートの記述

　ぼくは、ごんの行動や気持ちの変化について読んできたことをもとに、どうしてもつぐないたいという思いから兵十に近づいたんだと思いました。その根拠は、ごんは引き合わないなと思いつつも、結局つぐないを毎日続けていることです。大きく反省しているからこそだと考えました。…

　また、かげぼうしをふみふみという言葉から実際の距離がより近づいていることから兵十が気になるとも考えました。…

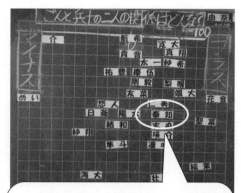

ごんの気持ちの変化について想像を広げたことをきっかけに、初めの考えがより強まった。そのため、ネームプレートの移動は見られなかった。

Aさんは前時までの学習を通して、反省していることがきっかけとなっていることや、「かげぼうしをふみふみ」の言葉に着目し、兵十との「実際の距離」がどんどん近付いていることから、兵十の言葉が気になっていると考えている。気持ちや性格を表す言葉に立ち止まり、その言葉を基に気持ちを考えているのが分かる。

　その後、「ごんはなぜ兵十に近付いたのか」についてそれぞれの考えを交流した。ここでは友達の考えを共有し、一人一人の感じ方に違いがあることに気付くことを目指した。

　まずは、つぐないたいという思いが強いのなら「どうしてごんは家に入ったのか」という「問い」が生まれた。この「問い」に関して、「ごんは死んでもいいからつぐないたいという思いがあったのではないか」という考えが出てきた。

C：家の中に入ったのは死ぬ覚悟ができていたんじゃないかな。本当は死ぬかもしれないって。

D：「覚悟」を辞書で調べたんだけど、物事から逃げないようにやっていこうと心に決めること。心構え。心構えを決める。この例には危険が含まれている。

T：死んでやるって思っていたということになるのかな？

E：死んでやるとは思っていないよね。それだったらさあ。死んでやるってなると隠れる意味はない。

全体：ああ。

F：だったら、俺を撃ててってなる。

　「なぜ、ごんは家に入っていったのか」についてさらに考えていきたいという声があがった。着目する言葉を紹介しながら、それぞれが想像したり考えたりしたことを共有していった。

> （ごんは兵十につぐないたいという思いが大きかったという発言に対して）
>
> C：それとは違って、気づいてほしいっていうのもあるけど、自分からじゃなくて、相手からやってくれたんだって思ってもらえるのが…死んだ方がよければ、初めてつぐなうときに直接持っていくと思うし…
>
> D：やっぱりごんは危険だってわかっていたと思う。でも、つぐないたい気持ちがある。だから、初め栗やまつたけを物置に置いていったわけじゃないですか。続けていくうちに兵十からどう思われているのか気になって話を聞いたら…気付いてほしい気持ちが大きくなったからこっそりだけど家の中に入ってしまったのだと思う。

　ごんの心情の変化に着目した発言をきっかけに「つぐないたい」の他に「気付いてほしい」という思いがあるとの考えも広がっていった。「つぐないの思いよりも気付いてほしい思いが大きくなったんだと思う」など、気持ちの変化を述べた意見もあり、全体が共感しているようだった。考えを共有することを通して、友達の考えと自分の考えとの違いに気付き、登場人物の気持ちを想像できる言葉を増やすことができた。加えて、言葉を基にさらに気持ちの変化を具体的に想像する姿にもつながった。

　Aさんは、友達と自分の考えを比較しつつ、文章を読み返していた。そうすることで想像の根拠となる言葉が増え、自分の考えを更新し、より登場人物の気持ちの変化を具体的に想像することにつながっていた。

> Aさんのノートの記述
>
> 　ぼくは、この交流から、ごんが兵十に近づいた理由は、ただ反省していたからという単じゅんな理由ではないと思いました。しかし、つぐないを続けていく中で、兵十に気づいてほしいという思いも出てきてしまい、気持ちもどんどん変化してしまったのだと考えました。…Eさんのごんには、つぐないたいという思いと気づいてほしいという思いが2つあったという言葉から、最後は、気づいてもらいたいという思いが大きくなったのだと考えました。…ごんも最後に気付いてもらえたし、兵十にもわかってもらえたから、いい関係になったと考えが変化しました。

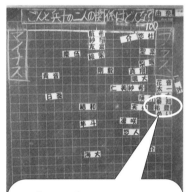

> 児童Aの考えがよりプラスの関係の方へと変化したことが分かる。

> 考えを共有したことで、はじめは「反省」の思いが強かったけれど、「気付いてほしい」という思いが大きくなったから近付いたと考えた。だからこそ、最後に気付いてもらえたごんはうれしくなったのではないかと考えが変化している。

振り返りの記述の中に友達の名前が出てくることからも、共有することが自分の読みに影響を与えることを自覚していたことが分かる。

8・9時間目「兵十はなぜごんを撃ったのか」

　ここまで、ごんに視点を当てて読み進めてきたが、8・9時間目は兵十に視点を当て、「なぜ、兵十はごんを撃ったのか」について考える時間とした。初めは、「撃ってよかった」「撃って当たり前」という考えも出されたが、話し合う中で、ごんを撃った後の最後の場面での兵十の行動や言葉の変化に着目した考えが出てきた。兵十の「実際の距離」も「心の距離」も近付いているのではないかという意見も出された。

Aさんのノートの記述
　ぼくは、兵十がごんをうつのも当然のことだと考えました。兵十の言葉から「ぬすっとぎつねめ」というほど怒りが大きくなっていると考えたからです。…二人の関係は、プラスとマイナスの半分くらいへと考えが変わりました。ごんは気づいてもらえてうれしいけれど、兵十はごんが死んでしまい、後悔しているからです。

児童Aの考えが、兵十視点から考えることでマイナス方向に変化したことが分かる。

10時間目　課題解決に迫る読み

　これまで、学習課題を解決するために「問い」をつないできた。ごんと兵十の二人の関係について、登場人物や情景に着目する子や色の違いに着目する子などもいた。また、距離の変化に関して図やグラフに表す子もいた。そうした考えを、交流を通して共有した。

Ａさんのノートの記述

　ぼくは、「ごんぎつね」を読むことを通して、反省して近づいていっているが、心は近づけなかったごんやそのごんを気づかないままうってしまう兵十のかみ合わなかったこともふまえ、二人の関係はかわいそうだと思いました。... 最後に二人の心のきょりが大きく近づいて、わかり合えるしゅん間があります。その時は、最高の関係になれたと思います。つまり、いくらかなしい終わり方でも、二人の実際の距離と心の距離が交わったうれしさはかわらないんだと思いました。

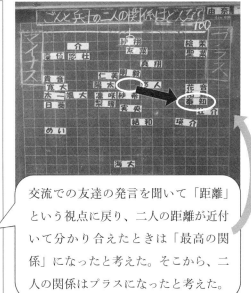

交流での友達の発言を聞いて「距離」という視点に戻り、二人の距離が近付いて分かり合えたときは「最高の関係」になったと考えた。そこから、二人の関係はプラスになったと考えた。

　「ごんと兵十の二人の関係はどんな関係だろう」という学習課題に対して、「問い」をもとにそれぞれの読みを交流することにより、子供たちは一人一人の感じ方などに違いがあることに気付いていた。また、言葉にこだわったそれぞれの読みを共有したことで視点が広がったのか、文章を読み返し、さらに考えを広げていた。

4. 実践を振り返って

　本単元では、学習課題を基に「登場人物同士の距離」に着目して考えていくことを行った。「ごんぎつね」では、ごんの行動描写の中に兵十との距離を感じさせる言葉が数多く使われている。そのため、この距離に着目することで、行動に伴う心情の変化、心情の変化に伴う行動の変化を捉えることができたように感じる。学習課題は、子供が解決したいと思えること、解決するための見通しをもてること（ここでは「問い」がこれに値する）が重要である。主体的に学習に取り組むためには、「問い」をつないでいけるような言葉への感度も育てていく必要がある。教師が一方的に「～しなさい」と投げかけて始まる学習では、一部の子供だけが活躍し、他の子供たちが参加しにくいという状況が生まれやすい。それを脱却するためにも、子供たちの「なぜ？」「どうして？」を生かしながら切実な「問い」が生まれていく教室を目指したい。

実践例 2 見通しと振り返りの充実
~書写の実践を通して、「主体的に学習に取り組む態度」を育てる~

単元 「家族にはがきを書こう」家族に自分の気持ちを伝える葉書を書く

学年・領域 第4学年　B書くこと　**指導時期** 12月　**指導時数** 4時間

1. 単元の評価規準と指導計画

単元の評価規準

知識・技能	思考・判断・表現	主体的に学習に取り組む態度
①漢字や仮名の大きさ、配列に注意して書いている。〈(3)エ(イ)〉	①「書くこと」において、相手や目的を意識して、経験したことや想像したことなどから書くことを選んでいる。〈B(1)ア〉	①主体的に漢字や仮名の大きさ、配列に注意して書いたり、相手や目的を意識して書くことを選んだりすることに向けた粘り強い取組を行う中で、自らの学習を調整しながら学ぼうとしている。

単元で取り上げる言語活動

　行事の案内やお礼の気持ちを伝える文章など、伝えたいことをはがきに書く活動

単元の指導計画

		評価規準と評価方法	学習活動
第一次	1・2	[思考・判断・表現①] 記述(マインドマップ)の確認	○「学びのプラン」を見て、本単元の学習の目的を理解する。 ・漢字と仮名の大きさ、配列(行の中心、字間、漢字とひらがなのバランス)に注意してはがきを書くこと。(書写のねらい) ・相手に自分の気持ちを伝えるという目的を意識して、自分の気持ちを伝えるために効果的なエピソードは何か考えて選んで書くこと。(「書くこと」のねらい) ○「学びのプラン」を見て4時間の学習の流れを確認する。 ○葉書を送る相手を決め、自分の気持ちを伝える内容とそれに伴うエピソードを考える。 ・葉書を送る相手を、家族から選ぶ。(父、母、祖父、祖母など) ・自分のどういう気持ちを伝えるか? ・自分の気持ちを伝えるために効果的なエピソードを考える。 ※マインドマップに記入しながら、構想を練る(マインドマップとは、頭の中で考えていることを書きだすことにより、記憶を整理したり、新しい発想を生み出したりするための思考ツールの一つ)。
第二次	3・4	[知識・技能①] 記述(宛名・本文)の確認 [主体的に学習に取り組む態度①] 行動の観察 記述(振り返り)の分析	○ノートに宛名の練習をする。 ・練習後、葉書に清書をする。 ○本文を書く。 ・ノートに本文の下書きをする。 ・下書きが完成したら、葉書に清書をする。 ○清書が完成した葉書を授業者に提出したのち、「学びのプラン」の記述欄に振り返りを記入する。

2. 「書くこと」の指導と一体化させた書写の授業

　従来の書写の授業というと、教科書のお手本が示され、何枚も書いて練習し、最後に清書し、先生から丸をもらったり直されたりして終わりというようなものが多かった。しかし、子供の主体的に学習に取り組む態度を育み、学習意欲を向上させるためには、学習の

見通しを立てたり学習したことを振り返ったりする活動を計画的に取り入れるように工夫することが重要である。そこで、後述するように学習の道すじやゴールを明らかにした「学びのプラン」（理論編第Ⅳ章 pp.83-84 参照）を活用することにより、主体的に学ぶ姿を教室中に実現したいと考えた。

　また、清書した作品を先生に提出したり掲示板に貼りだしたりするだけでは、文字を正しく美しく書くことへの必要感は高まらないと考え、書くことの指導と一体化した単元として構想した。評価規準において、通常の書写授業であれば「知識・技能」と「主体的に学習に取り組む態度」の2観点となるのが一般的であるが、本実践の評価規準が「知識・技能」「思考力・判断力・表現力」「主体的に学習に取り組む態度」の3観点で設定されているのはそうした理由による。

3.「学びのプラン」の配付

平成 29 年版解説総則編には、次のように記述がある。少し長くなるが引用する（p.87）。

（4）見通しを立てたり、振り返ったりする学習活動（第1章第3の1の（4））
　（4）児童が学習の見通しを立てたり学習したことを振り返ったりする活動を、計画的に取り入れるように工夫すること。
　本項は、児童が自主的に学ぶ態度を育み、学習意欲の向上に資する観点から、各教科等の指導に当たり、児童が学習の見通しを立てたり学習したことを振り返ったりする活動を計画的に取り入れるように工夫することが重要であることを示している。
　　（中略）
　特に主体的な学びとの関係からは、児童が学ぶことに興味や関心をもつことや、見通しをもって粘り強く取り組むこと、自己の学習活動を振り返って次につなげることなどが重要になることから、各教科等の指導に当たり、本項の規定を踏まえる必要がある。
　具体的には、例えば、各教科等の指導に当たっては、児童が学習の見通しを立てたり、児童が当該授業で学習した内容を振り返る機会を設けることや、児童が家庭において学習の見通しを立てて予習をしたり学習した内容を振り返って復習する機会を設けることなどの取組が重要である。これらの指導を通じ、児童の学習習慣の定着や学習意欲の向上が図られ学習内容が確実に定着し、各教科等で目指す資質・能力の育成にも資するものと考えられる。

　上記の内容を具体化するための一つの方法として、「学びのプラン」の配付を提案する。「学びのプラン」は、単元の指導計画が子供にも分かる言葉で書かれたもので、学習活動や評価規準が示されている。言ってみれば、子供向けの学習指導案である。
　今までの授業のように、「今日はこれをやります」という教師からの指示があって初め

て子供が学習活動を理解し、学習がスタートするといった状態では、いつまでたっても子供たちの学びの姿勢は先生の指示待ちで、「主体的に学習に取り組む態度」の育成にはつながらない。

そこで、「学びのプラン」の配付である（p.98参照）。これを配付し、単元の冒頭にこれからの学習目標とそれを実現するための学習活動を教師が説明し、子供が理解することで、子供たちは見通しをもって学習に臨むことができるようになる。

「学びのプラン」を用いることは子供たちだけでなく教師にとってもメリットがある。「学びのプラン」を配付するために、指導案を子供にも理解できる言葉に書き直すことを通して、目標や指導計画が子供たちの実態に応じた学習内容になっているかを検証することができるからである。

4. 振り返りについて

この「学びのプラン」には、単元の最後に子供が振り返りを記入する欄を設けている。

ここに記入するのは「楽しかった」「上手になったと思う」などの単なる感想ではない。この欄には、この単元での学習活動を通して、自分にどんな力が付いたのか、そのために自分はどのように取り組んだのかについて記述する。いわゆるメタ認知である。

教師は、授業中に子供が学習課題に対して、自ら工夫をしながら粘り強く取り組もうとしているかを観察し、指導助言を与えながら励まし、取り組ませていく。それに合わせて単元の終わりに、この振り返りを書かせることによって、子供がどんなことを考えて学習に取り組んだのか、目に見える子供の取り組み状況以外の部分をこの振り返りの記述から読み取ることができる。

また、毎単元の終わりに子供に振り返りを書かせることによって、子供自身も学習目標や本単元での付けたい力は何かを意識するようになる。「主体的に学習に取り組む態度」とは、「先生の話を黙って静かに聞き、先生が質問したときに、分かったら手を挙げて答えることがよい授業態度」という旧来の授業観とは異なるものである。先生から指示されたり、強制されたりという受け身の学習態度ではなく、主体的に学び、自らを成長させることのできる力、将来的に自立して学ぶことのできる力のことであるから、振り返りを書かせることは、子供たちへのそういったメッセージへの意識付けにもなる。

国語の授業は何を学んでいるのかが子供にとっても教師にとっても分かりにくい面がある。当たり前のことだが、国語科においても、学習指導要領にある指導「事項」を基に学習目標を設定し、それを教科書というテキストを通して指導するわけである。しかし、教師も教科書の内容に引っ張られてしまい、物語の内容を教えるような授業になってしまっていることもある。教師が学習目標を意識した授業ができていなければ、子供が学習目標を意識せず、教科書の内容理解にとどまってしまうのは無理もない。子供による単元の最後に書かれた振り返りの中から、授業そのものへの教師に対する評価を読み取ることもで

きるのである。

　中学校においては、単元の始めに「学びのプラン」を配付し、単元の終末に振り返りを記入させる取り組みを行っている教師が増えてきた。小中の接続を考えると、小学校の中学年以上において、この「学びのプラン」の実践を行うことは大変有効であると考える。書くことに苦手意識をもっている子供は少なくないが、国語科において、やはり書かせることには大きな意義があると考える。

　なお、振り返りの中で子供が書いたものについては、誤字脱字等の指摘をするというような視点（姿勢）ではなく、教師が子供の考えたことは何かを積極的に読み取ろうとする姿勢を大切にしたい。その際、振り返りでの質問の仕方を工夫するとともに、子供たちには「たくさん書くことがよいことではなく、質問されたことに対して、自分の考えを簡潔に書くことが大切である」ということを伝えていきたい。

【振り返り質問例】

①　学びの意義（興味・有用性・価値）

　　この単元で何を学習しましたか？

　　この単元で学んだことは、これからどういうときに役に立つと思いますか？

②　学習を通した自分自身への気付き・変容

　　学習課題1・2について、自分の意見を考えていくときに、誰のどんな意見が参考になりましたか？それはなぜですか？

③　新たな疑問や課題

　　この単元を学習して、疑問に思ったことやもっと考えてみたいと思ったことはありますか？

④　目的、課題と内容の理解

　　この単元について、あなたはどんなことに気をつけて（意識して）学習をしましたか？

		「家族にはがきを書こう」学びのプラン	
		4年　　組　　番　氏名	

学習のめあて	①漢字や仮名の大きさと配列に注意して、バランスを考えて書く。 ②はがきを送る相手のことを考えて、自分の気持ちを伝えるためのエピソードを選んで伝わるように書く。	

	学習活動	つけたい力
1 ・ 2	1. 学習目標と学習の流れを確認する。 2. はがきをもらったり、はがきを出したりした経験を思い出し、その時の気持ちなどを話し合う。 3, はがきを送る相手と自分の気持ちを伝えるためのエピソードを考える。	はがきを送る相手のことを想像して、自分の気持ちが伝わるようなエピソードが選べている。
3 ・ 4	4. ノートに、あて名を書く練習をする。 ○字間、中心線、漢字と仮名のバランスに気をつける。 5. 先生に確認をしてもらい、OK をもらったら、はがきに清書をする。 6. ノートに、文面の下書きをする。 ○字間、中心線、漢字と仮名のバランスに気をつける。 7. 先生に確認をしてもらい、OK をもらったら、はがきに清書をする。 8. 振り返りを記入する。	漢字や仮名の大きさと配列に注意して、バランスを考えて書いている。 自分の気持ちが伝わるように書いている。

○　振り返り

☆今回の学習について、あなたは、どんなことに気をつけて学習をしましたか。 　また、今回の学習で学んだことはこれからどういうときに役に立つと思いますか。

5.「振り返り」から、子供の「主体的に学習に取り組む態度」を育てる

　子供の書いた振り返りから、「主体的に学習に取り組む態度」の状況を見取り、「主体的に学習に取り組む態度」の育成につなげていくためには、教師自身が振り返りの記述内容を分析し、子供が次の学びにつなげていけるような助言を与えることが重要である。

　ここでいう評価とは、子供を値踏みするための評価という意味ではなく、学習状況を見取り、指導「事項」を身に付けさせるために評価をする、支援としての評価ということである。書写で言えば、子供の作品に朱筆を入れて指導をするのと同様に、振り返りの記述についても、B規準を実現していない子供に対しては、指導助言を行い、主体的に学習に取り組む態度を育んでいく必要がある。

6.　振り返りの分析例

　振り返りは学習活動であるから、振り返りそのものを評価することはできない。下記の例は、その振り返りの記述に対して子供に「B」「C」といった評価を示したものではない。あくまで、教師側が振り返りの記述内容をどのように分析し、評価規準を実現していないと思われる子供に対してどのような助言を与えたのかを示したものである。

例1）今日の清書では、「右」の大きさをがんばりました。どうしても「右」は「左」よりも大きくなってしまっていたので、大変でした。
B：二文字間のバランスを意識しながら取り組んでいたことが分かる。

例2）私が学んだことは、△（左の字形）と△（右の字形）と、書き順です。最初は全部横画から始まると思っていました。あと、「右」のバランスがうまくとれなかったのが残念でした。
B：筆順と字形について意識して取り組んでいたことが分かる。教師の指導のポイントも抑えている。

例3）きれいに書けなかったから、次はもっとうまく書きたいです。
C：目標について意識できたかどうかわからない。どうしてうまく書けなかったのかの自己分析がない。
振り返りに対する助言：「どうしてうまく書けなかったのか、今回の学習目標から考えられるといいですね」

例4）おしゃべりをしないで、集中して書くことができたし、自分なりにうまく書けた。

C：取り組み姿勢しか書かれていない。そういうことを意識させるのではなく、振り返りでは、目標についてどういうことを意識して取り組んだのかを書かせたい。

振り返りに対する助言：「どういうことに気を付けて書いたら、うまく書けましたか。振り返りには、そういうことをくわしく書きましょう」

　また、授業中の声掛けの仕方にも工夫が必要である。

　子供が作品を持って指導を求めてきたときに、すぐに朱筆を入れるのではなく、「○○さんとしては、どうだった？」と問いかける。そして、その子がどういうところに気を付けて書こうとしたのかを聞いたうえで、指導をしていくことが大切である。さらに、本人から、「もう少しこうすればよかった」という気付きがでてくれば、なおのことよい。本人からの口頭での振り返りである。これを繰り返していくことで、単元末の振り返りの記述にも子供自身が意識して取り組めるようになってくる。

　一方で、低学年においては「学びのプラン」を活用するのは、まだまだ難しい部分もある。低学年では、「学習のめあて」と「学習の流れ」をパワーポイント等で機会あるごとに示し、少しずつ意識させていくとよい。振り返りの記入も難しいので、教師が机間指導の際に、子供に質問して聞き取る程度でよいと考える。評価をするという意識よりも、「主体的に学習に取り組む態度」を育てていくという面を大切にしたい。

　この他、前時で書いた作品に対して、蛍光ペン等を用いて、自分で修正を加えるという方法もある。

　自分の意識した点を言葉にすることが難しい子供にとっては、お手本を見ながら、前時の作品に自分なりに修正を加え、それを基に本時の活動に入っていくことも有効である。

　中学年以降では、「学びのプラン」を配付する実践を取り入れていきたい。その際、振り返りはたくさん書かせる必要はない。学習目標を意識した取り組みができたかを教師が読み取ることが大切である。そして、そういう振り返りを書いた子供の例を他の子供たちに積極的に紹介していくことで、振り返りにはどういうことを書けばいいのかを具体的に理解させていきたい。

7. 実践を振り返って

年間を通して取り組んでみると、子供たちの振り返りにも変容が見られるようになる。

M.K（女子）の振り返りの変化

9月：「『雲』の、あめかんむりが難しくてムリだった。」

11月：「『左』の『エ』の部分がうまく書けた。『右』は、前よりも▽のバランスを意識して書けた。『左』の左払いはうまくいかなかった。」

与えられた課題の字を書いて、うまく書けたか書けなかったかという感想だけの意識が、課題の字に対する目標を意識して取り組み、どのくらい目標を達成できたのかを自己分析できるようになっていることが読み取れる。

ここでは、書写における実践例を紹介したが、この書写での取り組みが国語科のみならず、他教科においても子供の中の学びに対する意識の変容につながっていく。学びは先生から与えられるものという受け身の姿勢（意識）から、自分自身で己の課題を見つけ、それを解決するために粘り強く取り組むという「主体的に学習に取り組む態度」による学びこそが重要であるという意識へと変えさせていきたいし、それを友達との協働を通して行うとなれば、学びの場としての学校の存在意義も明確になる。

そのためには、何よりも教師自身が平成29年版の趣旨を理解し、授業の在り方を変えていこうとする意識をもつことこそが重要であると考える。

3 ペアとグループを組み合わせた学び合い

単元 表現を工夫して自分の「今」を伝えよう ～卒業を前に5年生に伝えたいこと～

学年・領域 第6学年　A　話すこと・聞くこと

指導時期 12月　**指導時数** 9時間

1. 単元の評価規準と指導計画

単元の評価規準

知識・技能	思考・判断・表現	主体的に学習に取り組む態度
①文の中での語句や係り方や語順、文と文との接続の関係、話や文章の構成や展開、話や文章の種類とその特徴について理解している。〈(1)カ〉	①「話すこと・聞くこと」において、資料を活用するなどして、自分の考えが伝わるように表現を工夫している。〈A(1)ウ〉 ②「話すこと・聞くこと」において、話し手の目的や自分が聞こうとする意図に応じて、話の内容を捉え、話し手の考えと比較しながら、自分の考えをまとめている。〈A(1)エ〉	①主体的に話の構成や展開の特徴について理解したり、自分の考えが伝わるように表現を工夫したりすることに向けた粘り強い取組を行う中で、自らの学習を調整しながら学ぼうとしている。

単元で取り上げる言語活動

　卒業を前に、次のリーダーである5年生に対して、自分の思いが伝わるように言葉や写真などを用いてプレゼンテーションする活動。

単元の指導計画

		評価規準と評価方法	学習活動
第一次	1 2		・5年生にプレゼンテーションすることを知り、自分の考えが伝わる話し方について考える。 ・相手(5年生)に伝えるための学習計画を立てる。 ・相手が求めているものは何かをインタビューやアンケートで調べ、共有する。
第二次	3 4 5	【知識・技能①】 記述(構成メモ)の確認 【思考・判断・表現①】 記述(付箋・構成メモ)の確認	・教師の作ったプレゼンテーションを見て、自分の考えが相手に効果的に伝わる話し方について考える。 ・伝えたい内容を明確にし、付箋に書き出す。 ・ペアで話し合いながら、付箋を並び替えたり加除修正したりして構成メモを作る。
第三次	6 7	【思考・判断・表現②】 行動(話合い)の観察 記述(プレゼンテーションの原案)の確認	・ペアの相手に構成メモを見せたり、それを元にプレゼンテーションしたりしてアドバイスをもらう。 ・プレゼンテーションの原案を作成する。
第四次	8 9	【主体的に学習に取り組む態度①】 行動(プレゼンテーションの練習・資料収集)の確認 記述(プレゼンテーションの完成原稿・振り返り)の分析	・4人グループになり、プレゼンテーションの原案を用いてプレゼンテーションを行い、感想などを伝え合う。 (まずは自分の話したいことが相手に伝わるかをペアで試した後、グループで交流してプレゼンテーションを見直す) ・グループで、補助資料の必要性などについても話し合う。 ・プレゼンテーションを完成させる。 ・いろいろな人の前でプレゼンテーションを行い、練習をする。 ・学習を振り返る。

2. 自分を伝える

　総合的な学習の時間ではキャリア教育を通して多くの大人に出会い、自分の将来について考えてきた。そして学習の後半では改めて自分自身を見つめ直し、自分のよさを自覚することを大切に行ってきた。自分のよさを自覚することは、将来の自分を思い描くことに役立つだけでなく、様々なことに挑戦する糧になると考えたからだ。

　子供たちは「6年生は在校生にとってあこがれの存在」という学校長の言葉を胸に受け止め、児童会活動や行事に取り組んできた。そんな中で見つけた（友達や先生が気付かせてくれた）自分のよさを言葉にして次のリーダーである5年生に伝えていくことにした。

　本単元では、子供たちの思いを明確に伝えさせるために、自分が経験した場面の写真や心に残っている言葉を資料として用い、それを効果的に生かして話ができるようにした。また、より説得力のある話し方ができるように、パソコンのプレゼンテーションソフトを用いることにした。

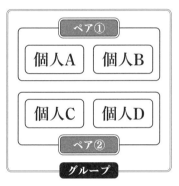

【学び方の工夫】

1. 個人で話を組み立てる。
2. 個人でプレゼンの資料を作る。
3. ペアで話の組み立て方や資料を見合う。
4. ペアでプレゼンの練習をする。
   ・パソコン操作はパートナーにやってもらう。
5. グループでお互いのペアで作ったプレゼンを見合う。
   ・工夫した点やこだわった点を伝え、感想をもらう。
6. グループでの学びを学級全体で共有する。

　ペアで学習を進める理由は、「資料を活用するなどして、自分の考えが伝わるように表現を工夫する」という本単元のねらいに迫るためである。話す内容だけではなく、それを伝えるための表現の効果については、客観的に「見て、聞いて」くれている友達が必要であると考えた。また、もう一組のペアを聞き手にすることで、聞き手の表情や反応を見ながら話すことへの意識を高められると考えた。さらに4人組は、アドバイスし合いやすい人数であるとともに実践的な練習を繰り返し行いやすい人数であると考えた。

単元のつながり

『自分の思いが伝わるように表現を工夫して書こう〜１２歳の今を書き残そう〜』（９月）
・自分の思いを明確にし、読み手に伝わるように文章全体の構成や書き方に着目して、構成や展開を考えて、自分の文章を整えることができる。〈知・技（１）カ、思・判・表Ｂア・ウ〉

『６年間をふり返ろう
　　　〜１２歳の思いを書き残そう〜』（１１月）
・自分の成長を振り返り、書く内容の中心を明確にして構成を工夫し文章全体を工夫して書く。
〈知・技（１）カ思・判・表Ｂイ・オ〉

帯活動『ことばのたまご』（話すこと聞くこと）
・自分の考えを整理して伝える
・互いの立場をはっきりさせ、計画的に話し合う
・話の内容が明確になるように話そう
〈思・判・表Ａ（１）ア・オ（２）イ・ウ〉

『東小倉小学校の魅力を紹介しよう
　　〜学校のパンフレットを作ろう〜』（１月）
・書きたい事柄について取材したり調べたりして情報を集め、事実と感想などを区別してパンフレットにまとめる。
〈知・技（１）カ・オ、思・判・表Ｂア・エ・カ〉

『表現を工夫して自分の「今」を伝えよう
　　〜卒業を前に５年生に伝えたいこと〜』
・自分の伝えたい事柄を経験や体験をもとに明確にし、資料を用いて分かりやすく話したり、友達のプレゼンテーションを聞いて、より効果的になるようにアドバイスしたりする。〈知・技（１）オ、思・判・表Ａウ・エ〉

中学校第１学年
相手の反応を踏まえながら、自分の考えが分かりやすく伝わるように表現を工夫すること。〈思・判・表Ａウ〉

3. プレゼンテーションにトライする

　プレゼンテーションの経験はあまりないと思われるので、以下のような手だてを講じた。

①「伝えたい」という思いが生まれるテーマ設定（総合的な学習の時間との関連）

　総合的な学習の時間において、自分を見つめ直すきっかけとして、自分のよさを友達や家の人、先生にインタビューする活動を行ったことで、子供たちは新たな自分発見をすることができた。そこで自覚できたよさは、自分が最高学年として意欲的に活動してきたことや仲間を支えたことからくる「やさしさ」であったり「粘り強さ」であったりした。

　こうした自分のよさを改めて考えていく場面を与えるなら、自分たちがどのような思いや考えをもって行動してきたのかを再度確かめることができるだろう。そして、その思いをぜひとも下級生に伝えておきたいという、この学習の必要性も生まれるであろうと考えた。

　本校では、１月に縦割り班のリーダーと委員会の引き継ぎがあり、５年生にリーダーとしての心構えや任される役割が引き継がれる。自分たちも今年の１月にリーダーを引き継いだが、最高学年としての意識をあまりもつことができずに４月を迎えていた。「もう少し前から気持ちの準備ができていたら、もっと早い時期から周りを見て動くことができていたのではないか」と振り返っている。それらの経験から５年生には、高学年としての自覚を事前に伝えていくことが必要なのではないかという思いを実際にもっていた。

②自分の思いを工夫して相手に伝える（プレゼンテーションソフトの活用）

　自分の思いや考えを効果的に相手に伝える方法としてプレゼンテーションという手法を

用いることにした。また、プレゼンテーションソフトを使うことで、資料を用いて分かりやすく伝えたい、聞いている人の心を動かしたいという意識が高まるようにしたいと願った。

ちょっとしたことでも
声に出そう

技術を学ぶ
⬇
技術を生かす
⬇
誰かを笑顔にする

話の長さは2分から3分。使えるプレゼンシートは2枚とした。たった2枚のシートにどのような言葉を選び、どのように配置することが相手により伝わるかを考えさせたい。シートの枚数を少なくしたのは、あくまでも聞き手には話し手の表情を見てほしいという願いがあったからである。

また、シートにアニメーションを付けることにしたが、それは、話の間や強弱を工夫することへの意識を高めることにつながると思ったからである。こうした手だてを取ることで、スピーチで原稿を書いて話す学習以上に意欲的に取り組んでくれることを期待した。

ペアでの聞き合いを中心にするが、それはお互いの工夫点に感想を伝えたり相手の工夫を取り入れたりしやすくするためである。

4. 指導の実際

> 1・2時間目　自分の考えを明確に伝えるための話し方について考える

○「卒業する前に、自分の思いを5年生にプレゼンして伝える」という見通しをもつ。
- 「卒業前に次のリーダーとなる5年生に伝える」という思いを、総合的な学習の時間のまとめなどから強くもたせるようにした。
- 効果的に伝えるためにプレゼンソフトを使うことを知らせ、活動への意欲と見通しがもてるようにした。

○伝える相手を理解し、共有する。
- 伝える側の思いだけを一方的に話すのではなく、5年生が今どのような思いで学校生活を送っているのか、自分たちにどのような情報を求めているのかをインタビューしたりアンケートを取ったりすることで調べるように促した。

＊「最高学年として大事なことはどんなことだろう」という疑問をテーマにしている5年生の教室に6年生が行き、一緒に交流している様子。
この時間は6年生のプレゼンに生かせる取材活動にもなった。

3時間目　効果的な伝え方について共有する

○教師が作成した簡単なプレゼンテーションを見て、効果的な伝え方について共有する。
・パソコンの画面と話の内容の関係を中心に考えさせた。
・パソコン操作力に差があったので、一斉指導後にできる子が苦手な子に教える時間をとった。

4・5時間目　伝える内容を整理し、組み立てる

5年生が求めている情報（インタビューなどから入手した情報）
・縦割り班活動のやりがい　・運動会など行事に対する思い　・委員会活動の責任
・休み時間などを犠牲にしている気持ち　・学校全体のリーダーとしての責任感
・6年生であることは辛くないのか　・自由な時間はあったのか

【5年生に伝えたい内容】
・6年生として行事や縦割り班活動に臨んできたことで、喜びがあったこと。
・自分を成長させてくれる出来事がたくさんあったこと。
・友達や家族、先生方の支えに気付いたこと。
・学校のよいところを受け継いでいってほしい。

○総合的な学習の時間で整理した情報を基に伝えたい内容を考える。
・運動会や縦割り班活動など、具体的な場面とその場面にぴったり合う言葉を組み合わせていく。
（運動会）　　　　協力　　　団結　　　全力　達成感　友情
（縦割り班活動）　最高学年　優しさ　感謝　信頼　　期待
・付箋を使い、話を組み立てていく。
・組み立てについて、ペアでアドバイスし合う。
＊「間違えずに言えたかな」から「自分の思いは届いたかな」「相手の心をどのくらい動

かすことができたかな」へと子供たちの意識を変えたい。そのために、本単元では、原稿を書いて話すのではなく、伝えたいことを付箋に書き、ペアの友達と話し合いながら順番を変えたり加除修正したりし、それを基に話すこととした。並び替えられ整理された付箋がそのまま構成メモとなる。形式的な話し方ではなく、自分の思いを込めて話す力を育てたいと考えたからである。

6・7時間目　プレゼンを作りながら構成を練り直す

○話の流れを、付箋を使って考える。

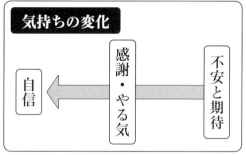

・ペア学習では、気持ちが変化した場面をエピソードとして出したらどうだろうか、という意見も聞かれた。
○話を作り上げる。
・話の始めに具体的なエピソードを入れるなどし、聞き手を引き付けるように助言した。
・一番伝えたい言葉が話の中心にあるかどうかを確かめさせた。
・実際に友達にきいてもらい、聞き取りにくい言葉はないかをチェックするなどの活動を行いながら、子供たちは楽しそうにプレゼンテーションの原案を作成していた。

○4人グループになり、プレゼンテーションの原案を基に話し、アドバイスをもらう。

・タブレットやビデオカメラを使い、映像で自分の話し方を振り返ることができるようにした。

・見てもらう視点を決めたチェック表を活用して交流するよう伝えた。

・話し手の目的や意図が伝わってくるか考えながら聞くように指示した。

A（話し手）・・話に集中してプレゼンをしてみる。
B（ペア）・・・パソコンの操作
C（聞き手）・・話し手の目、画面を見ながら話を聞く。
D（聞き手）・・必要に応じて話し手を録画しながら聞く。

○友達からもらったアドバイスを基に振り返り、自分のプレゼンテーションを修正する。

○グループでお互いのプレゼンテーションを見合い、アドバイスし合う。

○これまでに学習した「自分の考えが伝わる話し方」について確認する。

・前時の振り返りから、「効果的な伝え方」について確認しておきたいことを共有する。

分かりやすい速さ

聞き手の反応に応じた間

資料の効果や、出すタイミング　など

○前時とは異なる、いろいろな友達に向けてプレゼンテーションをする。

・ペア（A・B）は一緒に動き協力してプレゼンをすることとした。

・互いのプレゼンテーションを見合い、話し手の意図を基にアドバイスをし合うように助言した。

・話し手には、一番伝えたいことが明確に伝わっているのかを聞き手に確認するように伝えた。

・話し方だけでなく、資料の提示の仕方などについても助言してよいこととした。

> キーワードになるところや場面が変わるところは強くゆっくり話すと伝わってくると思うよ。

> 文章を読んでいる感じになっているから、気持ちが伝わってこないよ。自信をもって話して。

> 1枚目と2枚目の資料を入れ替えたほうが、聞き手に思いが伝わると思うよ。

> 実際に先生に言われた言葉が入っているので、場面の様子がよく伝わっていいと思ったよ。

〇振り返り

・友達のアドバイスで気付いたこと、全体に広めたいことなどを発表する時間を取った。

・振り返りには、友達からのアドバイスや交流して気付いたことなどを書くように伝え、5年生へプレゼンテーションをするときに生かしていけるようにした。

　　（例）「〇〇さんのプレゼンテーションは、自分の言葉になっているから、熱い思いが伝わってきた。自分のプレゼンテーションに生かしていこうと思う。」

　　　　　「自分は強弱や間を意識して話していたけれど、相手に意識したことが伝わっていないと意味がないから、もっと意識しようと思った。」

5. 実践を振り返って

　子供たちが主体的に「話すこと・聞くこと」の領域を学習するためのテーマを「5年生に伝えたいこと」としたことはとてもよかった。児童会や縦割り班活動に一生懸命であった児童の実態がテーマと合っていた。また、伝える相手を理解するためのアンケートやインタビューはとても効果的だった。相手が求めていることを知ることで、伝える言葉が変わってくるからだ。さらに、プレゼンテーションソフトを活用したことが、「言葉」に対する意識をより高めることにつながったように思う。どのタイミングでどんな言葉を表示するかは話の構成を考える上でも重要であった。

　ペア学習を組み合わせた4人組の学習は、音声化したら消えてしまう話し言葉による表現学習にはとても有効であった。話し手の声量や間、表情についてアドバイスし合う仲間がいたことは、子供たち一人一人にとって、心強かったと思う。また、表現の効果については互いに意見を出し合い、協働的に進めることもできていた。

第 II 章

視点を変える
― 教科書教材を新たな視点で活用する授業づくり ―

子供自身が主体的に学びを進める「話すこと・聞くこと」の指導

（単元）「互いの立場を明確にして、よりよい提案になるように話し合おう」

（教材）「よりよい学校生活のために」（光村図書 5 年）

（学年・領域）第 5 学年　A 話すこと・聞くこと

（指導時期）10 月・11 月　　（指導時数）8 時間

1. 単元の評価規準と指導計画

単元の評価規準

知識・技能	思考・判断・表現	主体的に学習に取り組む態度
①情報と情報との関係付けの仕方、図などによる語句と語句との関係の表し方を理解し使っている。〈(2)イ〉	①「話すこと・聞くこと」において、目的や意図に応じて話題を決め、集めた材料を分類したり関係付けたりして、伝え合う内容を検討している。〈A(1)ア〉 ②「話すこと・聞くこと」において、互いの立場や意図を明確にしながら計画的に話し合い、考えを広げたりまとめたりしている。〈C(1)オ〉	①主体的に情報と情報の関係付けを図りながら目的や意図に応じて話題をきめ、互いの立場や意図を明確にしながら計画的に話し合うことに向けた粘り強い取組を行う中で、自らの学習を調整しながら学ぼうとしている。

単元で取り上げる言語活動

それぞれの立場から考えを伝えるなどして話し合う活動

単元の指導計画

		評価規準と評価方法	学習活動
第一次	1	40 周年の企画を校長先生に提案しよう。	
			○校長先生の話をきっかけに、来年度の 40 周年を盛り上げるための企画を校長先生に提案するという見通しをもつ（相手意識・目的意識を明確にする）。 ○これまでの話し合いの様子を振り返り、話し合いに関する課題意識をもつ。
		様々な立場の人から意見を聞き、提案する企画を決めよう。	
	2 ・ 3	[思考・判断・表現①] 行動（インタビュー、話合い）の観察 記述（インタビューメモ、ノート）の確認	○40 周年の企画でよいと思うものを考え、伝え合う。 ○提案をよりよくするために、様々な立場の人からどんなことを聞いたらよいのか考える。 ○インタビューをする。 課外　学校の教職員、6 年生や下級生、地域の方、保護者などにインタビューをして情報を集める。 ○インタビューしたことを基に、学級全体で提案する企画をいくつかに絞る。

第二次	4	企画について様々な観点から話し合い、グループの考えを整理しよう。	
		[知識・技能①] 記述の確認	○それぞれのグループで提案したい企画についての考えを書き出し、「現状と問題点」「解決方法」「理由」の観点から考えをまとめる。
		話し合う目的を明確にして、他のグループと話し合おう。	
	5 ・ 6	[思考・判断・表現②] 行動（話合い）の確認 [主体的に学習に取り組む態度①] 行動（話合い）の分析 記述（話合いの記録）の分析	○他のグループから意見をもらいたいことを明らかにし、交代しながら話し合う。 話し合いの仕方 ・4〜5人のグループを基本とする。 ・グループ内が2つに分かれて、他のグループと話し合いを繰り返す。 ・話し合いでは、メインで話し合いを進める役と、サポーターとしてメインの話し合いの様子を見て補足などをして助けたりメモをしたりする役に分ける（話し合いごとに役割は交代する）。 ・話し合いのたびに振り返りタイムを設け、同じグループが集まり、話し合いの要点をまとめたり、次の話し合いで意見をもらいたいことを決めたりする。 ・話し合いを行う日に間隔を設け、間に取材などができるようにする。 課外　再度、必要に応じて学校の教職員、6年生や下級生、地域の方、保護者などにインタビューをして情報を集める。
第三次	7 ・ 8	話し合ったことを基に、校長先生に企画を提案しよう。	
			○話し合ったことを基に、企画を提案用紙にまとめる。どのような観点でまとめていくと校長先生を説得できるのか考える。 ○提案用紙を基に校長先生に企画の提案をする。 ○学習の振り返りをする。

2. 相手意識・目的意識を明確に

　「話すこと・聞くこと」の単元、特に「話し合うこと」を取り上げる単元では、話合いはしたが、どのような資質・能力が身に付いたのかを教師も子供自身も意識できない場合がある。例えば、教科書教材に沿って授業を進め、子供たちが計画通りにスムーズに話し合っている姿を見ると、一見素晴らしい授業が展開されているように見えてしまう。しかし話合いの中にどんな資質・能力が育成されるのかを意識しないまま言語活動が形骸化してしまうと、「活動あって学びなし」の状態に陥ってしまう。

　今回の単元では、教科書教材を用いつつも、子供たち一人一人に相手意識・目的意識などをもたせ、資質・能力を身に付けさせる確かな授業を行いたいと考えた。そこで、単元のはじめに学びたいという思いを引き出して見通しをもたせたり、単元のゴールを魅力的かつ明確にして子供たちの相手意識・目的意識を強めたりすることで、子供自身が主体的に学習過程を進めるようにした。また、子供たちが自由に学習過程を往復できることに留意した。学習過程は一方向とは限らないし、決まった順序性があるわけでもない。話合いをしている際に、分からないことが明確になり、情報の収集に戻るようなことはあり得る。しかし、単元の時間数は決まっているので、好きなだけ戻ってよいというわけにはい

かない。そこで、子供たちには単元の最初に学びのプランを提示し、話し合いのタイミングや回数、話合いと話合いの間に時間があることを伝え、決まっている時間の中で学習過程を往復できるようにした（学びのプランの具体については実践例②を参照）。

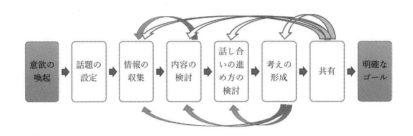

光村図書の5年の教科書には、「よりよい学校生活のために」という教材がある。その特徴としては、「子供の身近で解決できるものを議題とすることで、児童が意欲的に話し合いに参加できる」「課題を解決するための話し合いのプロセスを『考えを広げる話し合い』と『考えをまとめる話し合い』に分けて示している」「情報の整理の仕方が例示されており、考えを明確にする場面で、『現状と問題点』『解決方法』『理由』という観点で考えを付箋に書き出して整理している」等が挙げられる。今回は、子供の身近で解決できる議題として、来年度に控えている開校40周年に向けて、よりよい企画を話し合って決め、校長に提案するという内容にした。5年生は40周年を迎える年に6年生になり、周年行事を主体となって進めていく。実際に自分たちが行う企画を考えるということで、切実感をもって取り組むことができると考えたからである。

また、教科書は資料として活用することとした。教科書をただ単に見せてしまうと、その通りに話合いを進めるだけで、主体的に学びを進めているとは言い難い。子供が「どのように話し合ったらよいのだろう」「どのような観点で話合いをまとめていけばよいのだろう」という疑問をもったところで教科書を提示することが、教科書の有効活用につながると考えたからである。さらに、各グループが話合いにおいてどんなところに困り感があるのかを話合いの様子や振り返りのノートなどを見て読み取り、支援を考えることとした。子供たちに必要感や困り感があるからこそ、自分たちの話合いの仕方について見つめ直し、よりよい話し合い方について考えていくことができる。それが資質・能力を身に付けることにつながっていくと考えた。

3. 指導の実際

第1～3時　単元の見直しをもち、提案する企画を決める

校長から子供たちに「40周年の企画を提案してほしい」という旨を伝えてもらった。

校長とは事前に打ち合わせを行い、学びのプランを提示しながら、この単元で子供たちに身に付けさせたい力、そのために必要となる活動、どのように子供たちに投げかけてほしいかなどを伝えた。校長は子供たちに投げかける際、企画を提案するうえで考えてほしいポイントを紙面にまとめていた。それを掲示することで、活動を進めていったり話し合ったりするときの拠り所として常に振り返ることができるようにした。子供たちは校長から40周年に向けての思いや考えを受け取り、よりよい企画を提案して40周年を自分たちで盛り上げていこうという気持ちを高めた。

　企画を考える際は、「様々な立場の人の意見を聞いて考えてほしい」という校長の思いを受けて、様々な立場の人にインタビューをして情報を集めてから企画を決定していくようにした。課外となったが、子供たちは積極的にインタビュー活動に取り組んだ。インタビューの際は、既習の学習を生かせるように、以前の単元でどのような力を身に付けてきたのか一緒に振り返った。校内だけに留まらず、30周年のときに在籍していて異動してしまった先生に手紙を書いて質問をしたり、自身もこの小学校の卒業生である保護者や地域の習い事の先生などにインタビューをしたりと、子供たちは集めたい情報に沿ってインタビュー相手を決めていた。

　第3時には集めた情報を共有し、そのうえで提案したい企画についてクラス全体で話合いを行った。校長から提示されているポイントに沿って、どの企画がよいのか意見を絞っていった。

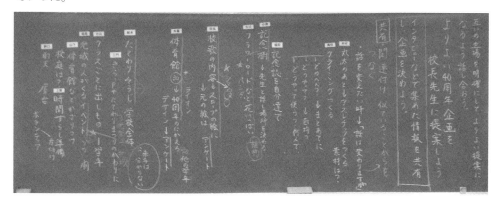

第4〜6時　互いの立場や意図を明確にして話し合う

　まず、企画に対して様々な視点から自分の考えをもつようにした。どのように提案をしたら校長が納得すると思うのか子供たちに投げかけると、総合的な学習の時間で活用していた「PMIシート」や「理由」を提案の中に取り入れるとよいのではないかという意見

が出た。しかし、「PMIシート」や「理由」だけでは説得力が足りないという意見もあった。そこで教科書を資料として読んだ結果、「現状と問題点」「解決方法」などの観点も取り入れることになった。グループごとに、自分たちの企画に合う観点を考え、それに沿って意見を出し合う話合いを行った。そこで新たに集めたい情報が見つかった場合は、再度インタビューをしたり、周年の資料などを調べたりして集めることとした。

　第5・6時には、他のグループと意見を交わす話合いを行った。話合いの進め方は、まず同じグループのメンバーと何の話題について意見をもらうのかを決める話合いをした。「この企画のよさについて、他の人の視点から意見をもらって付け足したい」「企画を実施する具体的な方法がまだよく分からないから、そこの意見をもらってこよう」と、自分たちの話合いの進め方を検討してから他のグループと話し合っていた。自分たちで話し合う目的を考えることは、主体的に話合いに臨む手立てとなった。

　他のグループと話し合うときはそれぞれのグループ内に「メイン」と「サポーター」という役割を設けた。本来なら、そのような役割を設けずとも話し合うのが理想かもしれない。しかし、クラスの現状として、話合いのときにあまり意見を言えず話を聞くだけになってしまう子や、話合いは活発に行っているように見えるが結局話合いの末に何が明らかになったのかを自覚できない子がいた。一人一人に資質・能力を身に付けさせるために、役割を設けてその役割を意識して話し合うことがよいのではないかと考えた。

　一つの話合いが終わるたびに、同じグループが集まって「振り返りタイム」を行った。どのような話題があったのか、そこで明らかになったことは何か、次回の話合いではどんなことを話題にして意見をもらうのかなどの作戦を立てた。

Bサポーター　Bメイン
Aメイン　Aサポーター

メインの役割は、話合いを進めていくことである。自分たちの話し合う目的に沿って話題を投げかけたり、もらった意見をまとめたりする。また、違うグループの話し合う目的に沿って、意見を伝える。

サポーターの役割は、メインの話に補足をしたり、メモをしたりすることである。話合いが目的と違う方向にそれたときには、整理する役目もある。

振り返りタイム

話合いの後、同じグループのメンバーで再度集まり、どのような話題があったのかを共有した。それを踏まえ、次回の話合いではどんなことを話題にするとよいのか作戦を考えた。

Aサポーター　Cサポーター
Aメイン　Cメイン

「メイン」と「サポーター」の役割は話し合いの度に交代した。自分たち以外の4つのグループと話し合うため、役割を2回は経験できるようにした。

　第4時、5時、6時は2日おきに行った。日程の間隔を空けることにより、課外となるが再度情報収集をしたいグループはインタビューをしたり資料を調べたりすることができた。

第7・8時　話合いを基に企画をまとめ、提案する

　話し合ったことを基に、企画を提案用紙にまとめていった。まとめる前には、提案書に載せる内容をそれぞれのチームでホワイトボードに書き出していった。それぞれの企画が異なる要素をもつため、一概に提案書とはこのように書くものだという型は示さなかった。話し合う際にも観点を考えて話し合っていたため、提案内容をスムーズに考えること

ができるグループが多かった。悩んでいるグループには、教科書を資料として提示したり、どのように提案をしたらよいのかインターネットを用いて資料を集めたりするように投げかけた。

「現状と問題点」「この企画のよいところ」「この企画の悪いところと解決策」の３段階で提案の内容を考えている。

序論に「提案の概要」、本論に「提案の詳細」、結論に「提案のよさ」の３段階で提案の内容を考えている。

　校長と時間の打ち合わせを行い、子供たちは校長に直接提案をした。校長から企画について質問があると、「それについては話し合ったのですが、〇〇という方法をとれば実現できると思います」や、「用務員さんにも意見をもらって、〇〇すればできると教えてもらいました」など、話合いやインタビューを生かして質問に答える姿が見られた。

　提案したい企画について、自分たちで話合い方を考え話し合ったからこそ企画が磨かれ、提案が通ったのだと子供たちは実感することができた。

　第8時には、振り返りを行った。学びのプランを基に、資質・能力に関して自分の力の伸びを振り返るようにした。また、同じグループの人同士で互いの話し合い方を評価し、自分では気付かなかった自分のよさにも気付けるようにした。

4. 実践を振り返って

　単元を通して、子供自身が主体的に学びを進めることを心がけた。そのために、いくつ

かの手立てをとった。主なものは次の通りである。

> ・導入時における意欲の喚起→40周年の企画の提案を校長から直接依頼されること
>
> ・明確なゴール→校長に自分たちが考えた企画を提案し、実現させること
>
> ・必要に応じて学習過程を戻ったり繰り返したりできる→時間の設定の工夫
>
> ・自分たちで話合いの方向性を決める→話合いの振り返りや作戦タイム
>
> ・一人一人が話合いの主体となる→「メイン」「サポーター」の役割を設けること

　これらの手立てによって、子供が主体となって学んでいくことができたように思う。なぜなら、この単元を通して、「どうしたらよいのだろう」と真剣に悩む姿や、「こうしたらよいのではないか」と友達と案を出し合い実行していく姿が多く見られたからである。例えば、自分たちの企画の実現方法が思いつかず壁にぶつかったときには、「もう一回、インタビューをしに行こう。用務員さんや事務員さんにも聞いてみることで方法が思いつくかもしれない」と再び情報を集めようとする姿が見られた。このような姿は、子供たちに明確な相手意識・目的意識がなく、教師の敷いた（教科書に書いてある通りの）レールの上を進んでいるだけでは、見ることが難しかっただろう。自分たちで学びを進めていかなければならないからこそ、真剣に悩み考える姿が見られたと思う。

　また、話合いの仕方や提案の型などは子供たちに必要感がないときには提示しないように気を付けた。真剣に悩み必要とするからこそ、そのときに得た知識や方法は自分のものとなっていく。そのためには、一人一人やグループの様子を細かく見取る必要があった。積極的に話合いに入って様子を観察したり、振り返りに書かれていることから困り感を把握したりして、適宜必要な支援を行えるようにした。教科書は資料として活用し、必要感があるときに提示するようにした。

　単元の振り返りには、資質・能力に対する自分自身の成長した点が書かれていた。

> 　最初は互いの立場や意図を明確にするという意味が分からなかったけど、他のグループとの話し合いの後に振り返りタイムで作戦を立てて意味が分かった。前まではなんとなく話し合っていたけど、何のために話し合うのか考えて作戦を立てて話し合うことが大切だと思った。そうすると必要な情報がもらえて、話し合いがどんどん進んでいったし、深まっていった。あと、他のグループがどんな情報をほしいと思っているのか聞いて、それに対して意見を考えて伝えることが大切だと思った。

　資質・能力に対する振り返りは、年間を通して続けていることである。単元の初めに学びのプランを提示しているからこそ、子供たちは単元で身に付ける資質・能力について意識できるし、それに対して振り返りを行うことで、今後の話合いの場面にも、今回の学習を生かすことができる。国語で話合いを取り上げる単元は年間に一回しかないが、他領域・他教科で話し合う活動は毎日ある。この単元で身に付けた資質・能力がこの単元だけで終わらないように、日々の話し合う活動につなげていくことが今後の課題となる。

問いを見いだしながら、事実を正確に伝える記事を書く

単元「わかりやすく事実を説明するにはどうすればよいのだろう」

教材「新聞を作ろう」（光村図書4年上）

学年・領域 第4学年　B書くこと　**指導時期** 6月　**指導時数** 10時間

1. 単元の評価規準と指導計画

単元の評価規準

知識・技能	思考・判断・表現	主体的に学習に取り組む態度
①比較や分類の仕方、必要な語句などの書き留め方、引用の仕方や出典の示し方、辞書や事典の使い方を理解し、使っている。〈(2)イ〉	①「書くこと」において、相手や目的を意識して、経験したことから書くことを選び、集めた材料を比較したり分類したりして、伝えたいことを明確にしている。〈B(1)ア〉 ②「書くこと」において、間違いを正したり、相手や目的を意識した表現になっているかを確かめたりして、文や文章を整えている。〈B(1)エ〉	①主体的に語句の分類や使い方などを理解し、経験したことから書くことを選んだり、相手や目的を意識した表現になっているかを確かめたりすることに向けた粘り強い取組を行う中で、自らの学習を調整しながら学ぼうとしている。

単元で取り上げる言語活動

　新聞記事を書く活動

単元の指導計画

		評価規準と評価方法	学習活動
第一次	1・2	[知識・技能①] 行動(話合い)の観察	○学習の見通しをもつ。 ・いくつかの新聞記事を見て、読む人のことを考えた新聞の工夫を見つける。 ・どんな新聞を作るかについて話し合う。
第二次	3〜11	[知識・技能①] 記述(取材メモ・記事)の確認 [思考・判断・表現①] 記述(取材メモ)の分析 [思考・判断・表現②] 記述(記事)の分析	○取材には、どんな方法があるかを話し合う。 ・グループで話し合い、取材計画を立てる ○新聞の特徴をとらえ、どのように割り付けられているか考える。 ○取材メモをもとに、割り付けを考える。 ・写真や図、表などの大きさや場所を考える。 ○取材メモを基に、記事を書く。 ○記事を推敲し、清書して、仕上げる。
第三次	12	[主体的に学習に取り組む態度①] 行動(話合い)の確認 記述(振り返り)の分析	○完成した新聞を読み合い、感想を伝え合い、学習を振り返る。

2. 「やらされている」学習からの脱却

　「書くこと」における単元の課題として考えられるのは、単元のゴールが見えやすいために教師が敷いたレールを走らせるような授業になりやすいということだ。単元の初めに

単元計画として、「学習活動」を規定してしまうことが多いが、果たして子供たちは、「書くこと」を通して自分たちにどのような資質・能力が身に付くのかをメタ化できているのだろうか。「ただ活動を重ねれば書ける」と思い込んでいるのではないだろうか。いつも教師の指示から始まり、教師の提示する課題や活動をこなしているだけの学習の繰り返しでは、主体的な学び手は育ちにくいであろう。そこで、本単元では、既習を生かして「問い」を見いだしながら、「書くこと」に対して主体的に取り組む姿を目指した。

　まず、前単元の「聞き取りメモの工夫」の学習を生かすことを考えた。この単元では、メモの取り方を学習した。その際に聴き方には2種類あることを理解した。1つ目は、相手から聞く（要点をきめるのは相手）というものである。これは受動的な聴き方であり、普段の先生の話やゲストティーチャー、講師の話などの時に使われる聴き方である。2つ目は、自分から聞く（要点をきめるのは自分）というものである。これは、能動的な聴き方であり、インタビューのときに用いられる。この2つの聴き方を比較した上で、聴き方によってメモの仕方を考える必要があることを話し合わせることにした。子供たちは2つの聴き方を比べる中で、「インタビューをやってみたい」という思いをもつであろう。その思いを実現するために新聞づくりに取り組むという単元を構想した。

　新聞づくりをするためには「新聞」を読み、その特徴を捉える必要がある。いくつかの新聞記事を読むうちに、おそらく子供たちは、事実がより伝わりやすくなるような様々な工夫に気付くことだろう。気付けば、それを自分も生かしてみたくなるだろう。それだけのことでも、学習の目的意識や相手意識が生まれ、子供たちの学びは活性化するであろう。

　「書くこと」で起こり得る「やらされている感」を脱却するために、子供がどのように書けばよいのかについて既習を振り返り、その振り返りの中から「問い」を生み、その「問い」を協働しながら解決していく学習を構想した。そのようなプロセスの中でこそ、確かな資質・能力が育成されるのではないだろうか。

3.　指導の実際

1時間目　新聞記事の特徴は？

「かわさきタウンニュース」を用いることで、身近な事実をもとに記事を捉えられると考えた。記事を読む中で、文章の文末表現に気付く子供たちが多かった。「考えるという言葉がない」や「インタビューの後は、誰から聞いた話なのかが分かるようにまとめている」など表現の特色について共有した。また、見出しや写真を用いて事実をより正確に伝えようとしていることや、いつ・だれが・どこで・何を・どのように・どうしたかが詳しく書かれていることにも気付いた。

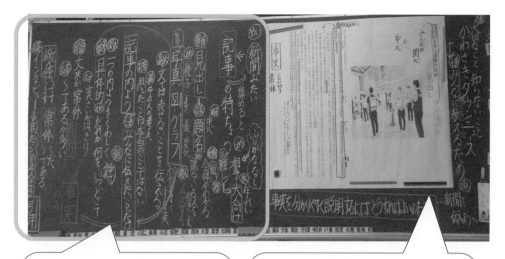

事実を正確にくわしく伝えるための工夫がされていることに気付いた。

身近な記事で話し合うために「かわさきタウンニュース」を選んで読んだ。

　記事を読むことを通して「新聞を書いてみたい」という言葉が出てきた。この言葉を基に「事実を分かりやすく説明するにはどうすればよいのだろう」という「問い」が生まれ、それを明らかにしていくことが単元を通した課題となった。また、それを解決するための見通しを各自で考え、ノートに書いた。

2時間目　学習計画を立てる

　前時に書いた見通しを全体で交流し、考えを共有し合うことを通して学習の計画を立てた。見通しには、前の単元を基に「インタビューをすることで詳しく知りたい」という取り組みたい活動について述べたものや「一年生に東小倉小学校について伝えたい」というように相手に関して述べているものがあった。そうしたことを話し合うことを通して、今回の単元の中でどのような資質・能力を高めることが必要となるのかを自覚し始めていた。さらに、どのように学習を進めていくのかということで学習の進め方（グループで行うか・個人で書くか）や単元の流れ（取材→構成→記述）についても見通しを共有した。学習の流れの見通しを考えることは、今までの学習を振り返りつつ、何を考えなくてはいけないのか、何を行えばよいのかを自己調整しながら取り組む態度を養うことにもつながる。ここでの見通しを基に、新聞はグループごとに作ること、伝えたい相手によってグループを決めることも確認した。

　見通しは一人一人によって違いがある。だからこそ、見通しを共有することが大切になると感じた。それは、既習を生かそうとする意識を高めることにもつながる。子供たちが主体的に学習に取り組むための一つの工夫になるのではないだろうか。

3時間目　新聞で何を伝える？

　伝えたい相手別にグループを編成し、その中で相手にどのようなことを新聞で伝えたいのかを話し合った。

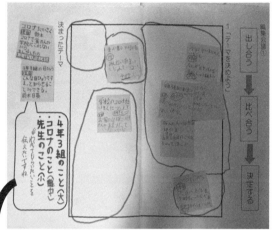

　まず、付箋を用いて意見を出し合い、グループで話し合いながら分類していく。似ているもの同士はつなげていくなど、意見を述べ合う中で、新聞のテーマが決定していった。グループごとに新聞で伝えたい「相手」が決まっているため、意見を出し合う際も相手意識をもって話し合うことができ、話題が逸れることはなかった。

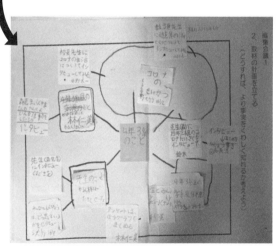

　テーマが決まった後に、何を記事にできるか、どんな取材が必要かを見通す活動を行った。記事にしたいことや取材したいことを、「出し合う→分ける→決定する」の流れで話し合った。その中で上がった取材の仕方は「インタビュー」「アンケート」「実際に見に行く」「資料で調べる」など過去の経験を基に考えたことであった。実際にどのような取材を行うべきかは、次時に考えることとなった。

4時間目　本音を引き出す取材をするにはどうすればよいのだろう？

　記事にする際の子供たちの思いは「伝えたい相手にとって自分たちだけの情報・事実を伝えたい」というものだった。しかし、ただ「インタビュー」や「アンケート」を行うだけでは深い情報を得ることはできない。そのため、「インタビュー」や「アンケート」でより「本音を引き出す」にはどうすべきかの意見を共有することを行った。

　「インタビュー」では、「具体的に」「事前に調べる」「相手に合わせる」ことがキーワードとなった。その中で話し方の部分やメモの取り方に至るまで意見を出し合いながら考えることができた。

「アンケート」では、「記述タイプ」と「選択肢タイプ」のよさを共有した上で、相手によって使い分ける必要性や得た情報の集計方法まで考えを共有した。

取材に関する見通しをもつことができたので、各グループで準備を進め、一週間の取材期間を設けて、主に課外で取材を行うこととした。

実際の取材のノート　（インタビューを行った例）

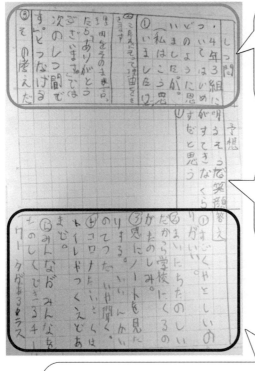

前時の「聞き取りメモの工夫」を生かし、誰かに伝えるためにどのような質問をして何を聞き出すのかはっきりさせ、メモできるように工夫している。

インタビューを通して、話を聞き出せるように答えを予想し、次の質問へのつなぎ方をイメージしていた。

「聞き取りメモの工夫」の単元で学んだことを基に、質問することに合わせて聞き取ったことをメモできるように工夫している。インタビューは2人1組となり、インタビュアーとメモ役とに分かれて行った。

5時間目　新聞の割付けはどうすればよい？

取材の途中経過も共有しつつ、新聞の読み方や割り付けについて確認を行った。その際に、どのような記事をトップにもってくるのか、字数はどのくらいになるのか、写真・グラフなどをどこに配置するのかなどを考えた。あえて取材を終えてからではなく、途中で行うことで、追取材の検討につながったり、取材で何が必要なのか、足りないのかについてアドバイスし合ったりすることにつながった。

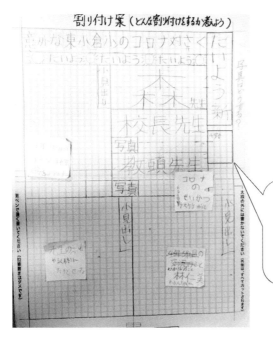

いくつかの新聞を読み、特徴を捉えたことを基に一面の割り付けを考えることができた。記事における分量の違いを意識しているグループもあった。

6・7時間目　分かりやすく伝えるには、記事をどのようにまとめればよいだろう？

【取材した内容】　　　　　　　　　　　　　　　【伝えたいことを選択したもの】

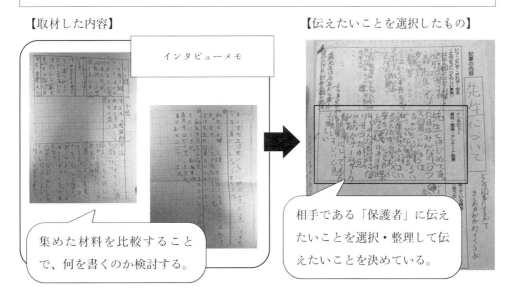

インタビューメモ

集めた材料を比較することで、何を書くのか検討する。

相手である「保護者」に伝えたいことを選択・整理して伝えたいことを決めている。

　下書きにする際に、割り付けの計画をしたことで字数制限があることが分かり、取材した情報が全て使えないことに気付いた。そこで、相手や伝えたい新聞のテーマを基に情報を選択し、必要な情報のみを文章にするために「捨てる」ことも行った。また、実際に取材しグラフにまとめたけれど「伝えたいことと違った結果になったので、この情報は使わない」と情報を目的に合わせて選択している姿も見られた。情報を絞ることを通して、書

きたいことを明確にすることができたからではないだろうか。

〔知識及び技能〕の「情報の取り扱い」と〔思考力、判断力、表現力等〕の「書くこと」を合わせて学習することでより思考が深まるように感じた。

事実を分かりやすく伝える＝文末表現の工夫

「言い切りの手法」…事実をそのままはっきりと

「数の手法」…具体的な数字

「引用の手法」…インタビュー・アンケートをそのまま

「あえて出さない手法」…見出しと記事の関係

「予想の手法」…原因の予想

> この単元の1時間目に学級でまとめたものである。
> これを読み返しながら再確認した。

記事の下書きを書く際に大切なことを確認するために1時間目の学習を振り返った。どんな表現が使われているか、また、使われていることでどんな効果があるのかを共有し、事実をまとめるときに必要となる表現を捉え直した。

8〜11時間目　事実を分かりやすく伝える記事を書くにはどうすればよいだろう？

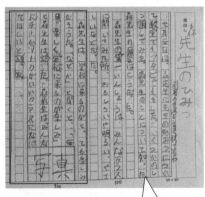

【書き上げた新聞】

> インタビューの内容を記事にしているので、文末表現に注意したり、相手である「保護者」を意識したりして文章を整えていた。

選択した情報と表現の工夫を基に伝えたい相手を意識し、下書きを行った。下書きを終えた後には推敲の活動も行い、表現や誤字脱字を確認し合うことで文章を整えた。

推敲に移る前には、自分が書き上げた下書きを自分自身で読み、友達に確認してほしいところをまとめている。そのため、グループで推敲し合う際には、確認してほしいところを基にアドバイスし合えるようにした。確認してほしいところが示されていることで、アドバイスもより明確なものとなり、文章を整えるヒントにつながっていた。

その後子供たちは、読み手を意識してていねいに清書していた。

記事にまとめる際に、やはり大きかったことは字数制限である。この例では、インタビューを先生に行い、アンケートをクラスでとって、そこから得られた情報の一部を切り取っている。取材で得た情報を分類し、必要なもの以外を捨てることを通して、伝えたいことをはっきりさせた記事につなげることができた。

12時間目　事実を分かりやすく伝える新聞にするには？

　完成した新聞を読み合い、感想を伝え合った後、各自で学習の振り返りを行った。ある子は振り返りに次のように書いていた。

　「私が新聞を書き、工夫したところは事実を分かりやすくするということです。私たちは、はじめ記事はなんにも知らなかったのにこんなにすごいことができ、とても心からいいと思います。みんなはどれも大事なのに、情報をしぼっていたのですごい。次は相手のおどろきもいしきしたいです」

　今回の単元の中で、事実を分かりやすく伝えることを意識してきたことが分かる。また、情報を絞ることの大切さにも気付くことができている。

4.　実践を振り返って

　成果としては、文種を意識し、書くことができたということである。新聞記事に必要な情報を「集める」→「分ける」→「決定する」こと、そしてそれを「記述する」ことを学ぶことができた。また、事実を書き上げるためには文章表現が重要になることも意識できていた。それについては、単元の冒頭で新聞記事を読む際に、文末表現について着目できたことが大きかったように思う。新聞づくりのプロセスを通して、子供たちが言葉に敏感になってきたことを感じた。相手を意識することで表現を変える必要性にも気付けた。新聞を書き上げた経験が、今後の学習に生きるようにしていきたい。

多様な他者の読みとの交流を位置付けた「読むこと」の授業づくり

（単元）「世代をこえて！感じ方のちがいを見つけ出そう　〜斎藤隆介ワールド感想交流会〜」
（教材）「モチモチの木」（光村図書３年下）ほか
（学年・領域）第３学年　Ｃ読むこと　（指導時期）12月　（指導時数）13時間

1.　単元の評価規準と指導計画

単元の評価規準

知識・技能	思考・判断・表現	主体的に学習に取り組む態度
①様子や行動、気持ちや性格を表す語句の量を増し、話や文章の中で使うとともに、言葉には性質や役割による語句のまとまりがあることを理解し、語彙を豊かにしている。〈(1)オ〉	①「読むこと」において、文章を読んで理解したことに基づいて、感想や考えをもっている。〈C(1)オ〉 ②「読むこと」において、文章を読んで感じたことや考えたことを共有し、一人一人の感じ方などに違いがあることに気付いている。〈C(1)カ〉	①主体的に様子や行動を表す語句をとらえて感想や考えをもち、感じたことや考えたことを共有し、一人一人の感じ方などに違いがあることに気付いたりすることに向けた粘り強い取組を行う中で、自らの学習を調整しながら学ぼうとしている。

単元で取り上げる言語活動

　　物語を読んで考えたことについて、友達や世代の異なる読み手と伝え合う活動

単元の指導計画

次	時	評価規準と評価方法	・学習活動
事前			・朝読書の時間に、図書ボランティアの方による「モチモチの木」の読み聞かせを聞く。
第一次	1		・前単元までに見いだした物語に対する感じ方の違いを想起し「友達や大人と読みを交流し、感じ方のちがいを見つけ出す」という学習課題を設定する。
第二次	2 3	[知識・技能①] 記述の確認	・「ソメコとオニ」を読み、「登場人物や作品の一番のおもしろさ」について、自分の感じ方に合った言葉を選んでノートに書く。 ・「ソメコとオニ」の「登場人物や作品の一番のおもしろさ」をグループで出し合い、感じ方の違ったところを中心に互いの理由を聞き合う。
第三次	4 〜 5 6	[思考・判断・表現①] 記述の確認 [思考・判断・表現②] 行動の観察、記述の分析	・「モチモチの木」を、豆太の言動や語り手の語りに着目して読み、豆太や作品について感想を出し合う。 ・3人の登場人物について、それぞれどの程度心ひかれるか（「心ひかれる度」）を5段階で表し、理由とともにノートの表に書き込む。 ・グループで「心ひかれる度」を出し合い、ずれたところを中心に互いの理由を聞き合う。 ・グループを変えて、他の友達と考えを聞き合う。
第四次	7 〜 8 9 10	[思考・判断・表現②] 行動（話合い）の観察、記述（ノート・フリップ）の分析	・「モチモチの木」で一番好きな場面を選び、理由をノートとフリップにまとめる。 ・グループで一番好きな場面と理由を聞き合う。 ・グループを変えて、好きな場面と理由を聞き合う。 ・感じ方に違いが出るのはなぜについて、考えたことをノートに書く。 ・保護者アンケートの結果を見て大人の感想に触れ、自分たちとの感想の違いや、次時に図書ボランティアの方に聞きたいことを出し合う。 ・図書ボランティアの方の感想を聞き出し交流する。
第五次	11 12 13	[主体的に学習に取り組む態度①] 行動の観察、記述（振り返り）の分析	・自分が一番好きな斎藤隆介作品を選び、登場人物に対する「心ひかれる度」をノートやフリップにまとめる。 ・同じ作品を選んだ友達、違う作品を選んだ友達とそれぞれ感想を交流したり、保護者が好きな作品や理由と比べたりする。 ・単元を通して見つけた感じ方の違いや、違いが生まれる要因について考えたことを話し合い、単元前後の変化や身に付けた力を振り返る。

2. 保護者や地域の人的資源を生かすことで豊かに育つ資質・能力

　本単元で育成を目指す思考力、判断力、表現力等は、「考えの形成」と「共有」の指導「事項」である。その育成に向けて、本単元では「モチモチの木」を始めとする斎藤隆介の作品を教材とし、友達や保護者、図書ボランティアの方々といった世代の異なる多様な読み手と感想を伝え合うことを主たる言語活動として設定した。

　中心教材である「モチモチの木」には、豆太、じさま、医者さまの３人が登場する。作品全体を通して語られるのは、じさまやモチモチの木に対する豆太の言動・情景である。既習の読みの力を活用しながら、「心を寄せる登場人物は誰か」「豆太やじさまをどう思うか」「最も印象に残った場面はどこか」といったことを視点に交流することで、読み手の立場による感じ方の違いが浮き上がってくるものと思われる。その違いの根拠や理由を聞き合うことで、互いの読みの違いを生み出す要因を考えたり、作品と読み手との関係を結び付けて考えたりするなど、資質・能力をよりよく伸ばすことができると考えた。

　例えば、「心ひかれた登場人物は誰か」という問いに対する答えとして、子供たちの多くは豆太を挙げる。それは、語り手が豆太に寄り添い、豆太の視点から物語が展開するために、豆太に同化して読みやすいということもあろうし、読み手である児童と豆太とは年齢が近く、自分と比べながら読むことを促しやすいということもあるだろう。一方、保護者や図書ボランティアの方の中には、心を寄せる登場人物としてじさまを挙げる方も少なくない。子育てを経験しているために、豆太を大切に思う気持ちに共感できたり、豆太と二人で暮らすじさまの思いに心を寄せたりすることもあろう。また、図書ボランティアの方であれば、一人で読むときと、読み聞かせをしているときとでは、感想が変わる可能性もある。子供たちのために読み聞かせや図書の選定をされている立場ゆえに生まれる感想もあろう。こうした多様な読みとの出合いが、「一人一人の感じ方などに違いがあることに気付く」という資質・能力の育成を促す。国語科で育成する資質・能力そのものは、全国共通のものとして学習指導要領に示されているが、学校や地域の教育資源を生かすことにより、それぞれの資質・能力をより豊かなものとして伸ばすことができると考える。

3. 指導の実際

1時間目　これまでの「読み」の学習を振り返り、単元の見通しを立てる

　第1時は、これまでの読みの学習で身に付けてきた力と関連付けて、単元で身に付けたい資質・能力（ゴール）と、課題解決の大まかなプロセスを見通す時間として設定した。

　感じ方の違いに気付くことは、「もうすぐ雨に」や「三年とうげ」を教材として読んだ際にも、学級内や他学級の友達との交流を通して学習している内容である。「みんなが見

つけた感じ方の違いには、どんなものがありましたか」と問うと、「意見の違い」「理由の違い」「もとにした言葉（根拠とした叙述）の違い」「（複数の場面や叙述の）つなげ方の違い」の４つが出された。そこで、「実はみんなのお家の人に、『モチモチの木』の感想を聞くアンケートをとっています。ここにも感じ方の違いはあると思いますか」と知らせたところ、驚きの声とともに、「絶対違うはず」「同じ意見もあるかもしれないけど、理由は違うと思う。だって ...」「お母さんがどんな感想を書いたのか早く見たい！」といった反応が上がった。「なるほど。それなら、昨日『モチモチの木』を読み聞かせてくれた図書ボランティアさんとはどうでしょう」と問いかけると、「もっと違うと思う。自分で読むだけじゃなくて、読み聞かせまでしているから」「多分、僕たちには想像できないくらいの感想がありそう」「ボランティアさんにもアンケートをとっているんですか。見たいです！」などと声が上がる。保護者や図書ボランティアの方々との感じ方に違いがあるのかどうか気になり始めた子供たちに、「では、今回は、友達やお家の人、図書ボランティアさんと感想を聞き合って『何が違うのか』『なぜ違うのか』を見つけ出す力を付けることをゴールにしましょう」と伝え、単元名を提示した。これまで、級友や他学級の友達と交流を重ねてきた子供たちにとって、「世代を越えた読み手が相手でも感じ方の違いを見つけ出すことができるか」という課題設定は、魅力を感じたようである。

　学習計画については、

　①クラスの友達と感想を交流して友達の感じ方との違いを見つける

　②保護者アンケートの結果を見て保護者との感じ方の違いを見つける

　③図書ボランティアの方々と感想交流会を行い、ボランティアの方との感じ方の違いを
　　見つける

と大まかな見通しを共有するにとどめた。最後に、「感じ方の違いを見つけ出すために、どんなことを意識して①～③の活動に取り組むか」を視点に、各自でめあてをノートに書き、授業を終えた。

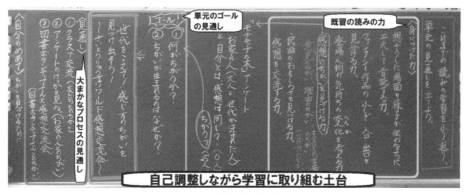

図1　第1時の板書

2・3時間目　「ソメコとオニ」のおもしろさについて、言葉に着目して聞き合う

2・3時間目は、展開が分かりやすく、かつ短めの作品である「ソメコとオニ」を教材に、一番のおもしろさだと思うところを聞き合った。まず教師から「感想の違いは、使う言葉にも表れること」を伝えた。そして、単元の学習課題である「感じ方の違いを見付け出す」の解決に向けて、感想をノートに書いたり発言したりする際には、自分の感じ方にぴったり合う言葉を選ぶことを共通の約束とした。

図2　言葉の異同に着目した交流

このように、使う言葉にこだわって感想を表したり友達の言葉との異同に目を向けて交流したりしたことで、思考力、判断力、表現力等と関連付いた形で語彙に関する知識や技能を伸ばすことができた。

4〜6時間目　「モチモチの木」を読み、心ひかれる登場人物と理由を聞き合う

「文章を読んで理解したことに基づいて、感想や考えをもつ」力を育成するために、重視したのは、ノートづくりである。その際、「どの叙述に着目し、どのような理由付けを経て現在の感想をもつに至ったのかを明示して書く」というノートづくりの基本を改めて大事にするよう指導した。

図3は、第4時での感想交流を踏まえて、第5時に子供が書いたノートである。「自分が最も心ひかれるのは、どの登場人物か」を課題に、3人の登場人物について「心ひかれる度」を5段階で表し、その根拠や理由を記述した。

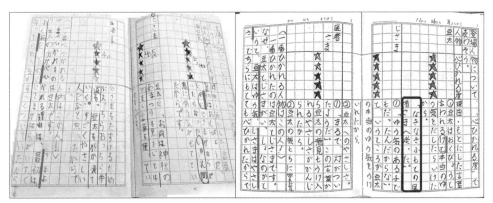

図3 「心ひかれる度」を記入した子供のノート

　第6時では、ノートの記述を基に「心ひかれる度」について、グループで話し合った。本単元の一番のねらいは、「一人一人の感じ方などに違いがあることに気付く」という「共有」に関する資質・能力を高めることである。そのために、グループでの交流に当たっては、

①交流の目的・ゴールと、目的の実現に必要な視点・方法を明確に共有すること

②「ずれたところ」を中心に、考えの根拠や理由について、納得のいくまで本文に戻って確かめたり尋ね合ったりすること

③前半のグループ交流で得た気付きを、違うメンバーとのグループ交流に生かすこと

を大切にするよう伝えた。

　前半グループでの交流後、「グループの中でずれたところはあったか」「なるほどと思ったところはあったか」を全体で共有し、グループを変えて2度目の交流を行った。

7～10時間目　「モチモチの木」で一番好きな場面はどこかを伝え合う

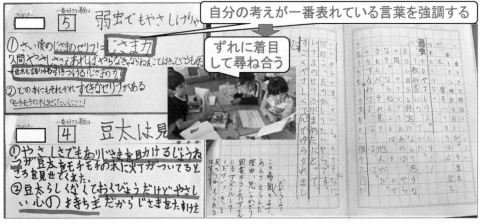

図4　子供のノートやフリップの記述と交流の様子

図4は、第7時に、「モチモチの木」の一番好きな場面について書いた子供のノート（右）や、それを基にまとめたフリップ（左）である。ここでは特に、その場面が一番好きだと考えた理由を具体的に書くとともに、自分の考えが一番表れている言葉を囲みや下線で強調するよう伝えた。記述内容は、次時の交流におけるグループ決めに生かした。

　このフリップを生かして、8時間目はグループになって交流を行った。このときも前回同様、グループを変えて2回目の交流を行った。

　第9時には、保護者アンケートの結果を見ながら、話題にしたいことや聞き出したいことを明確にする活動を行った。「子供は豆太の心ひかれる度が一番高い人が多いのに、大人はじさまが一番多い。どうしてかな」「理由も違うはずだし、聞いてみたい」「読み聞かせと一人読みで感じ方に違いがあると書いている人もいる。理由を聞きたい」など、それぞれ自分なりの問いをもって、図書ボランティアの方々との感想交流会に臨もうとする姿が見られた。

　第10時の図書ボランティアの方々との感想交流会では、「自分の感想と比べて何が違うのか、なぜ違うのかが分かること」を本時のゴールとし、交流の方法や視点、前時に立てた話題例を確認してから活動に入った。

図5　第10時の板書（図書室での授業）

　図6は交流の様子である。交流の中では、子供たちのこんな声も聞かれた。

　「ぼくは、『豆太は見た』が一番好きなんです。豆太が初めて勇気を出したところなのに、医者さまはその勇気を受け取っていませんよね。そこがおもしろいなって思ったからです」

　「大人が一番心ひかれる登場人物って、じさまが多いんですよ。その理由、な

図6　図書ボランティアの方々と読みを交流する様子

んでかなあって。○○さんもじさまの〈心ひかれる度〉が一番高いってアンケートにあったんですけど、どうしてですか」

「そうそう、それぼくも聞きたかった」

交流中の発言については、一部分しか聞き取ることはできなかったが、振り返りの記述を見ると、子供同士の交流とは違った気付きがあったことを確認することができた。図書室での感想交流会を終えて教室に戻る際には、「楽しい。まだ話せるし、もっと違いが見つかると思う」「あと３時間ほしい」などと口々に言い出す姿も見られた。

また、翌日に交流相手のボランティアの方に書いたお礼の手紙（図７）にも、交流を通して見つけた違いや驚いたこと、考えたことが記述されており、子供たちには心に残った１時間だったようだ。

図７　交流相手の図書ボランティアの方に書いた手紙（抜粋）

11～13時間目　自分が好きな斎藤隆介作品を選び、友達と理由を聞き合う

11時間目からは学習のまとめとして、一番好きな斎藤隆介作品について友達と聞き合い、着目した叙述や理由付けに表れる感じ方の違いを見つけ出すことをめあてに活動を行った。

図８は、12時間目に「一番好きな斎藤隆介作品」と理由を交流している様子である。

「感動したのは、言葉と絵の両方からってこと？」、「『モチモチの木』の豆太とは違う勇気って、どういうこと？」、「『立ち向かう言

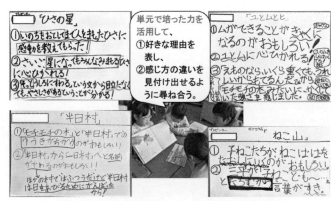

図８　第12時の好きな作品と理由を交流する様子

葉が好き』って例えばどの言葉？」など、一人一人が「モチモチの木」での学習、特に図書ボランティアの方との交流を通して得た気付きを手掛かりに、積極的に尋ね合い、感想を交流する姿が見られた。長い単元ではあったが、序盤より中盤、中盤より終盤と、単元を通して、主体的に学ぼうとする子供の姿が見られるようになっていった。

4. 実践を振り返って

　図9は、単元末の振り返りである。

> ・交流してみると、いろいろなちがいがわき出てきました。中でも「立場のちがい」が一番すごいなと思いました。たとえば、ボランティアさんは親の立場で見ていて、わたしは子どもの立場で見ていました。そして理由を聞けば聞くほど、もっと聞き出したくなりました。立場のちがいはすごいのです。
>
> ・世代をこえた人と交流して、図書ボランティアの〇〇さんの話が一番心にのこりました。なぜなら、最後にさし絵の話をしてくれたからです。〇〇さんはさし絵に注目していました。やっぱり世代がちがうと、注目するところも同じではないということをあらためて感じ取りました。よかったです。
>
> ・◇◇さんは、自分の子どものころにつなげていてとても心にのこりました。「つなげるもののちがい」が感じ方のちがいを作るのだと思いました。
>
> ・教科書なのか絵本なのかでも、言葉の書き方やさし絵がちがって感じ方がかわるということにおどろきました。この単元はとてもいい勉強になったし、すごく楽しかったです。

図9　第13時に書いた単元末の振り返りから（抜粋）

　「立場の違いが感じ方の違いを生み出している」「挿絵を含めてどこに注目したかで感想が変わる」という考えや、「自分は教科書だったけど、ボランティアさんは絵本から考えていた。それも違いの理由になっていた」という発見など、教室内で級友とのみ交流していたのでは得られない気付きが多く記されていた。「読むこと」の学習においても、ねらいに応じて、地域の教育資源を積極的に活用することで資質・能力を豊かに育成することができるという実感を得た。今後も実践の幅を広げ、授業改善を重ねていきたい。

初出：伊東有希「世代をこえた読み手と交流しよう」田中保樹・三藤敏樹・髙木展郎編著『資質・能力を育成する学習評価―カリキュラム・マネジメントを通して―』東洋館出版社、2020、pp.68-69

第III章

壁を越える
―チーム学校の機能を生かした授業づくり―

国語科と生活科との間に互恵的な関係を生み出す

単元 「作り方のじゅんじょがわかるようにせつめい書を書こう
〜1年生でも分かる「おもちゃの作り方」〜」

教材 「おもちゃの作り方をせつめいしよう」（光村図書2年下）

学年・領域 第2学年　B書くこと　　指導時期 11月　　指導時数 8時間

1. 単元の評価規準と指導計画

単元の評価規準

知識・技能	思考・判断・表現	主体的に学習に取り組む態度
①文の中における主語と述語との関係に気付いている。〈(1)カ〉	①「書くこと」において自分の思いや考えが明確になるように、事柄の順序に沿って簡単な構成を考えている。〈B(1)イ〉 ②「書くこと」において、語と語や文と文との続き方に注意しながら、内容のまとまりが分かるように書き表し方を工夫している。〈B(1)ウ〉	①主体的に主語と述語の関係を身に付け、事柄の順序に沿って簡単な構成を考えたり、内容のまとまりが分かるように書き表し方を工夫したりすることに向けた粘り強い取組を行う中で、自らの学習を調整しながら学ぼうとしている。

単元で取り上げる言語活動

　おもちゃの作り方の説明書を書く活動

単元の指導計画

		評価規準と評価方法	学習活動
第一次	1		・おもちゃの作り方を1年生に伝える説明書を書くことを知り、学習の見通しをもつ。
第二次	2〜6	[思考・判断・表現②③] 記述（短冊）の確認 [知識・技能①] 記述（短冊）の確認	・1年生に興味をもってもらうために大切なことを考える。 ・〈前書き〉を考え、短冊に文章で書く。 ・〈作り方〉を考え、短冊に文章で書く。 ・〈あそび方〉を考え、短冊に文章で書く。 ・短冊を読み返し間違いを正す。
		《生活科》短冊に書いた文章をペアの友達に見せ、実際に作ってもらう。	
第三次	6	[主体的に学習に取り組む態度①] 記述（清書）の分析	・つけたした方がよいところや間違いを直し、5mm方眼のFAX用紙に清書する。
		《生活科》1年生を招待し、説明書を渡し、おもちゃを作って一緒に遊ぶ。	
第四次	7 8	[思考・判断・表現②③] 行動（話合い）の確認 [主体的に学習に取り組む態度①] 行動（話合い）の分析 記述（振り返り）の分析	・書いた「おもちゃの作り方せつ明書」をグループで読み合い、感想を伝え合う。 ・学習の振り返りをする。

2. 国語科と生活科、それぞれに確かな資質・能力を育てる

　実際におもちゃを作るためには、説明書に材料や用具などとともに、作成の手順が書かれていなければならない。したがって、本単元で扱う「おもちゃの作り方をせつめいしよう」は、説明的な文章を書くときに必要な順序を意識したり簡単な構成を考えたりすることを学ばせるのに適した教材である。

　教科書教材では、この単元の前に「読むこと」の学習として「しかけカードの作り方」がある（現行の教科書では「馬のおもちゃの作り方」）。そこでの指導においては、のちにおもちゃを作ることを想定して、筆者の論理に立って読み取らせるように心がけた。

○「筆者は何を伝えたいのか」（しかけカードの作り方）

○「そのために、どんなことを書いているか（材料と道具、作り方、使い方）

○「どんな順序で書いているか」（全体の構成と〈作り方〉の順序）

○「分かりやすくするためにどんな工夫をしたのか」（実物写真、作成手順の写真）

　このように、筆者の論理に立って読ませることが、本単元において説明的な文章を書く際の土台となると考えた。

　子供たちは筆者の工夫をどんどん見つけ出していったので、それを模造紙に「書きわざ」としてまとめ、本単元で自分が実際におもちゃの作り方の説明書を書くときに生かしていけるようにした。

　また、説明書を書くには読んでもらう相手が必要であると考え、できあがった説明書は1年生にプレゼントすることを伝えた。

　生活科のカリキュラムには「つくってためして」という、身近な物を利用して自分だけのおもちゃを作る単元がある。オリジナルのおもちゃ作りに夢中になる楽しさ、完成したときの達成感が味わえる単元で、子供たちも楽しみにしている。と同時に、友達と協力してルールを考えたり、遊び方を工夫したりすることも味わうことのできる単元である。

　本実践は、国語科と生活科の、2つの単元を関連させて構成している。2年生は1年生と一緒におもちゃを作るために生活科の中で熱心におもちゃを作り、その過程をしっかりと頭に入れておくことで、国語科の時間に書く説明書の内容や順序を考えることができる。相手意識を強くもたせるために「1年生でも分かる」という表現を強調して伝えた。

1年生が読んで分かりやすいようなおもちゃの作り方の説明書を書くために、みんなで見つけた書きわざを使ってみよう。

1年生が喜んで作ってくれるように、おもちゃ作りのことをしっかり記録しておこう。

　なお、2つの教科を関連させるに当たっては、「一方の教科のために他方の教科が犠牲

にならないこと」を意識した。「説明書に書くためにはおもちゃを作る時間が必要だが、国語でその時間を取るのが難しいから生活科でやらせよう」などとしないということである。あらかじめ生活科の時間の冒頭に、この後、国語科で説明書を作って1年生にプレゼントするよと伝えておくことで、子供たちはおもちゃ作りによりよい工夫をしたり、手順を考え記録したりする。一方国語科においては、おもちゃ作りにかける時間を短縮することができるし、1年生にプレゼントすることを知れば、推敲などの意欲も高まる。

　このような互恵的な関係を生み出すことが大切であると考えている。

単元のつながり

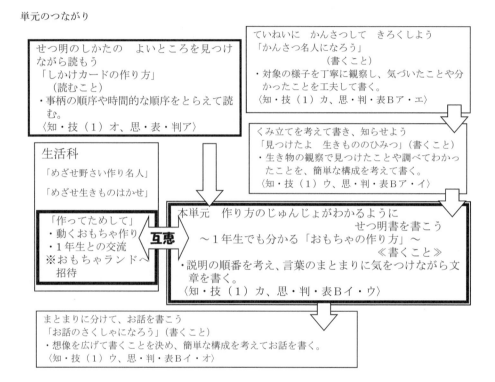

3.　主体的・対話的な学びを生み出すために

　子供たちが進んで学習を進めたり、友達と豊かに学び合ったりすることを願って、次のような手立てを考えた。

①教師のモデルを示すことで、学習への見通しをもたせる。

　教師が書いた説明書を見せる。それを書いたことによってどんなよさがあったかを知ることで、学習の見通しをもてるようにする。

②意図的に記入できるような短冊を工夫する。

　指導「事項」の「事柄の順序に沿って簡単な構成を考える」について意識しやすい教材なので、子供たちが「はじめ－中－終わり」の簡単な構成を意

識できるように短冊カードを使って学習する。前単元「見つけたよ　生きもののひみつ」（書くこと）の学習で子供たちは短冊カードを使って学習しているので、その時とカードの色分けを同じにすることで、子供たちには取り組みやすいと考えた。短冊には文章で書くこととし、これを並べることで説明書の下書きとする。

③読み合い、話し合う中で、友達のよさを発見できるようにする。

　友達の書いた文を読み合ったり、実際に自分の書いた文からおもちゃを作ってもらったりすることを通して、友達の書き方のよさに気付いたり、自分の書いた文に付け足しを考えたりなどできるとよい。また、もっとこんなことが書いてある方が作りやすいということに気付くきっかけになってほしい。友達から「この書き方、わかりやすいよ」「とても作りやすかったよ」という言葉を聞くことで書くことへの自信につなげてほしいと願った。

4. 指導の実際

　1時間目　学習の見通しをもつ

○生活科で作ったおもちゃの作り方を1年生に伝えるために説明書を作ることを知り、教師の作ったモデル文を見て見通しをもつ。

「説明書があれば、何度も作ることができるし、作り方を忘れないよ」

「1年生でも分かりやすいように書かなければだめだ」

などの声があがった。

○前単元「しかけカードの作り方」を思い出したり教師のモデル文を参考にしたりしながら、「おもちゃの作り方」を書くための手順やポイントを考える。

「生活科で記録したものを使おう」

「材料や道具をメモしたものを見て書いたらいいね」

「作る順番に書いた方がいい」

「絵を入れると分かりやすいと思う」

などの発言があり、イメージが湧いてきたようだ。教師は、子供たちの意見をモデル文に書き入れ、この後の学習の手立てになるように教室に掲示した。

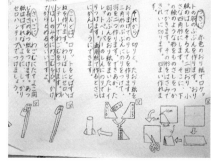 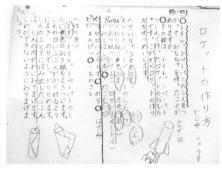

○興味をもってもらうためにはどんなことを〈前書き〉に書けばよいかを考え、
〈前書き〉を短冊（ピンク）に書く

　1年生が興味をもてるようにするためにはどうしたらよいかを問うことで「しかけカードの作り方」に書かれていた問いかけの文など、書きわざを使って書こうとする気持ちがもてるようにした。また、〈前書き〉には、これから説明するおもちゃの紹介をすることで読み手に興味をもたせる役割があることに気付けるように、モデル文で確認した。子供たちから出た考えを板書に残して、書けない子への手立てとした。

○〈材料と道具〉はどの順番に書くと
　よいかを考えて、短冊（ピンク）に
　書く

　子供たちは書きわざを積極的に使いながら考えていた。

　この後、書いた〈前書き〉と〈材料と道具〉をペアで読み合い、書き方などに間違いがないかを確認する活動を行った。

○〈作り方〉にはどんなことを書けばよいかを考え、〈作り方〉を短冊（白）にまとめる

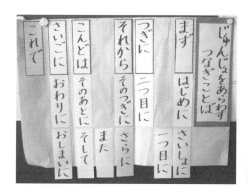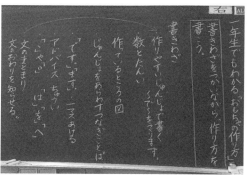

「作る順番が分かりやすいように順序を表す言葉を使っていること」

「言葉で表しにくいものほど、絵に表す方がよいこと」

「読み手が同じものを作れるように、数字、単位や注意点を書いていること」

等を話し合った後、書きわざを使いながら〈作り方〉をまとめていった。教師は必要に応じて、書きわざを参考にしたりモデル文で書きわざを確認したりしながら書くように助言した。子供たちは、それぞれ順序やつなぎ言葉に気を付けながら書いていた。

〇書いた〈作り方〉を読み合う

　書き上げたものを子供同士で読み合う活動を行った。ここでは、友達の書き方のよいところを伝えたり、分かりにくいところを質問したりするように指示した。「こうすればよい」というようなアドバイスは、書き手の思いとずれた助言となったり、書き手の未熟を指摘したりする恐れがあると考えたからである。

　読み合う活動に期待したことがもう一つある。それは、友達の作品のよさを見つけ、それを自分の作品にも生かしてくれることである。実際に、友達の作品からヒントをもらい、自分の作品を膨らませている子が多くいた。

6時間目 ＜あそび方を＞書く

○〈あそび方〉にはどんなことを書けばよいかを考え、〈あそび方〉を短冊（水色）に書く

書きわざ
・あそび方
・気をつけること
・よびかけることお

教科書の「しかけカードの作り方」や「けん玉の作り方」、教師のモデル文を参考にして書くように声をかけた。必要に応じて、書きわざ表を参考にしたり、モデル文で書きわざを確認したりしながら書くように声をかけた。

○書いた「おもちゃの作り方せつめい書」を読み返し間違いを正す

誰が読んでも分かりやすいかを意識して書いたものを読み返すように伝えたことにより、1年生の立場に立って書き間違いや句読点の位置などを見直していた。

なお、子供たちにはあらかじめ文章を見直すための手引きとなる「えんぴつくんのおやくそく」を配付している。〈前書き〉や〈作り方〉を書く時にも活用してきたが、ここでの見直しに特に役立っていたようだ。やはり、一年生に分かりやすく伝えなければならないという意識が推敲をより充実したものにさせていたようだ。

〈生活科の時間の様子〉

ペアの友達に「おもちゃの作り方せつめい書」を見せて、実際に作ってもらって感想などを伝え合った。

まずは、短冊に書かれた友達の文章を読み、実際に作ってみた。作っている途中でどうしても分からない場合のみ、ペアの友達に質問してもよいこととした。短冊の書き手は途中で質問された場合、その部分が文章に足りなかった部分ということになるので加筆していた。うまくできた場合でも、付け足した方がよいところなどを最後に伝えるようにした。

作り終わった後も、「絵があるから、わかりやすく作れたよ」「文だけだと、どこにセロハンテープを貼るかが、よく分からなかったから絵に『ココ』とかかいておくといいんじゃない」など伝え合っている姿が見られた。

> 7時間目　説明書を見直し、清書する

○説明書を再度見直し、清書する

　おもちゃを実際に作ってもらった経験を基に、つけたした方がよいところや間違いを直し、清書した。

　説明書は1年生にプレゼントすると手元に残らなくなるので、手渡す前にグループで読み合い、感想を伝え合う活動を取り入れた。そこでは、書き方のよいところや表現の分かりやすいところなど、よさを中心に伝え合い、達成感・充実感が味わえるように配慮した。

〈生活科の時間の様子〉

○おもちゃランドに1年生を招待し、プレゼントの説明書を渡し、おもちゃを作成し、一緒に遊んだ。昨年までは1年生を遊びに招待するだけの企画であったが、こうして一緒におもちゃ作りを楽しむということにしたため、2年生の意欲は高まった。また、自分の書いた説明書の伝わり方を実感でき、満足感も得ることができたようだった。

5.　実践を振り返って

　この単元は生活科と連動する形で行った。一番のねらいは、子供たちが相手意識をもち、その相手を想像して書くことに取り組めるかという点である。生活科の学習の中で、1年生と一緒に遊びたい、自分たちが考えたおもちゃを一緒に作りたいという発言が聞かれたので、十分に相手意識をもった時点でこの単元に入ることができたと思われる。

①教師のモデルを示すことで、学習への見通しをもたせることができたか

　前単元「しかけカードの作り方」で学んだことを思い出させるように、同様の書き方で教師が書いた説明書を見せた。どんな良さがあるか、児童から出た言葉を基に、押さえておきたいことをマーカーで書き込み、明確化した。モデル文をその後の学習でも掲示しておくことにより、分からなくなった時や次にどうすればよいかのヒントになっていた。

②意図的に記入できるような短冊を工夫することができたか

　指導「事項」の「事柄の順序に沿って簡単な構成を考える」について意識しやすい教材なので、子供たちが「はじめ－中－終わり」の簡単な構成を意識できるように短冊カードを使った。前単元「見つけたよ　生きもののひみつ」（書くこと）の学習で子供たちは短冊カードを使って学習していたので、短冊を使うことは抵抗なく行えた。色を変えていたこともあり、「はじめ－中－終わり」の構成を間違える児童はいなかった。また、モデル文もあることにより、それがヒントになり、段落ごとに短冊を変え、「つなぎことば」を使って文を書くことができていた。ただし、下書きから本番の用紙に清書する際、清書用紙を 5mm 方眼の FAX 用紙にしたため、書くのに戸惑っている児童もいた。戸惑うことも想定し、短冊のマス目の数等も計算していたが、もう少し考えられたらよかった。

③読み合い、話し合う中で、友達のよさを発見できるようにすることができたか

　実際に生活科の時間に自分の書いた文からおもちゃを作ってもらう時間をもったことで、友達の書き方のよさに気付いたり、自分の書いた文に付け足しを考えたりすることができた。また、文だけではなく、物を作る説明書には絵や写真などがあることでさらに分かりやすくなることに気付くことができた。友達と相談しながら絵を付け足している児童が多く見られた。

　この単元を通して、子供たち同士がお互いの文を読み合う時間や生活科の時間で話し合いをしながら進めている様子が多く見られた。1年生という相手がいることもあり、そのことが書くことに対してもよい効果を出し、子供たちが書きたい、伝えたいと気持ちを高めることができていたように思う。

　ただ、説明書は1年生向けだからと言って平仮名で書くのではなく、2年生として学習したことを基にまとめるという目的があったので2年生までに習った漢字は使うようにした。

　また、生活科での交流は同じ日に作る時間と遊ぶ時間を設けるのは、難しかったので、2日に分けて行った。生活科のおもちゃ作りでは、説明書自体が漢字を使って書いていることもあり、分かりにくい部分は子供たちがそれぞれのペアに伝えながら作ることにした。説明書は、また自分で作るときや、2年生になったときの生活科で使ってほしいという子供たちの思いもあり、作り終わった後にプレゼントした。

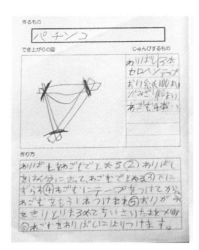

実践例 8

異学年同士の交流で
資質・能力を育成するには

【5年】

単元 「おすすめの宿泊体験学習の活動を4年生に伝えよう」

学年・領域 第5学年　A話すこと・聞くこと

指導時期 6月　　**指導時数** 7時間

【4年】

単元 「宿泊体験学習について教えてください」

学年・領域 第4学年　A話すこと・聞くこと

指導時期 6月　　**指導時数** 4時間

1. 単元の評価規準と指導計画

単元の評価規準（5年）

知識・技能	思考・判断・表現	主体的に学習に取り組む態度
①情報と情報の関係付けの仕方、図などによる語句と語句との関係の表し方を理解している。〈(2)イ〉	①「話すこと・聞くこと」において、話の内容が明確になるように、事実と感想、意見とを区別するなど、話の構成を考えている。　〈A(1)イ〉	①主体的に情報と情報の関係の表し方を理解し、話の内容が明確になるように、話の構成を考えて話すことに向けた粘り強い取組を行う中で、自らの学習を調整しながら学ぼうとしている。

単元で取り上げる言語活動

　4年生の児童に向けて、宿泊体験学習で体験してもらいたい活動を提案する活動

単元の指導計画（5年）

次	時	評価規準と評価方法	学習活動
第一次	1	これまでの「スピーチ」の学習を振り返り、単元の見通しを立てよう。	
			○これまでのスピーチの経験を振り返る。 ○「説得力のある構成を考え、4年生に自分がおすすめの体験学習の活動を提案するスピーチをしよう」という学習課題を設定し、学習計画を立てる。
第二次	2	4年生におすすめしたい活動と提案する根拠となる出来事を選ぼう。	
			○宿泊体験学習の中で、4年生に推薦したい内容を決める。 ○自分が薦めたい活動とその理由が分かるエピソードを2～3つ付箋紙に書き出してみる。
	3	[思考・判断・表現①] 記述の確認	○4年生にすすめる活動を説得力のあるものにするために構成を考え、スピーチメモを書く。
	4	[知識・技能②] 記述の確認	○自分の話の内容を伝わりやすくするために、写真や絵、図などの資料を作成する。
	5		○一人で練習したり、グループの友達に自分の話を聞いてもらったりして、自分の話し方や内容をよりよいものにしていく。
第三次	6・7	[主体的に学習に取り組む態度①] 行動の分析、記述の分析	○4年生にスピーチをする。（タブレット端末で録画する） ○単元の学習を振り返る。

単元の評価規準（4年）

知識・技能	思考・判断・表現	主体的に学習に取り組む態度
①相手を見て話したり聞いたりしている。〈(1)イ〉	①「話すこと・聞くこと」において、必要なことを質問して、話し手が伝えたいことや自分が聞きたいことの中心を捉え、自分の考えをもっている。〈A(1)エ〉	①主体的に相手を見て話したり聞いたりして、話し手が伝えたいことや自分が聞きたいことの中心を捉えたりすることに向けた粘り強い取組を行う中で、自らの学習を調整しながら学ぼうとしている。

単元で取り上げる言語活動

　宿泊体験学習について、5年生からの提案を聞く活動

単元の指導計画（4年）

次	時	評価規準と評価方法	学習活動
第一次	1	5年生の宿泊体験学習について聞きたいことを考えよう。	
			○5年生から宿泊体験学習について聞いてみたいことを考え、5年生の提案を聞いて質問するという学習活動の見通しをもつ。
第二次	2・3	5年生がすすめる宿泊体験学習の活動の話を聞いて質問をしよう。	
		[知識・理解①]　行動の観察　[思考・判断・表現①]　行動の確認	○5年生がすすめる宿泊体験学習の活動の話を聞いて、さらに聞きたいことを質問する。
第三次	4	[主体的に学習に取り組む態度①]　記述の分析	○5年生の話を聞いて、考えたことを振り返りカードに書いて伝える。

2.　それぞれの学年に確かな資質・能力を育成する

　本実践は、5年生が4年生に「宿泊体験学習でのおすすめの活動」を提案することを通し、5年生では主に「話すこと」の資質・能力を育成すること、また4年生では主に「聞くこと」の資質・能力を育成することをねらって設定した単元である。

　「話すこと」の学習活動を設定し、学級や学年の枠を超えて他者に発表などをする場合、聞き手側の学級や学年に時間を確保してもらうが、そちらの授業時間を「国語」としたとしても1時間で終わってしまい、聞き手側の資質・能力の育成が軽視されることが多かった。聞き手側も国語の時間として設定するのであれば、国語科として付けたい資質・能力が身に付けられるようにしたい。

（1）5年生にはスピーチ原稿を見ずに話す力を育てたい

　5年生では、自分が経験したことを基に他者に「提案する」という言語活動を通し、「話すこと」の資質・能力を育成したいと考えた。

　他者へ「提案する」というのは、「スピーチ」でもある。この「スピーチ」という言語活動は全学年で行われているが、その指導において、スピーチ原稿を作成してからスピーチをするという学習展開がなされることが多い。話し手にとっては、スピーチ原稿を作成することで何を話すかが明確になり、原稿に沿って話せばよいというので人前で話すこと

に関しての緊張感や不安感も緩和される。しかし、その反面、児童は原稿を丸暗記してスピーチをしようとするため原稿から離れられなくなり、聞き手のことを意識して自分が伝えたいことを話せなくなってしまう。また、授業でスピーチという言語活動を行う場合に「人前で話す」ことができればよいということに重点が置かれてしまい、「話すこと」だけが目的になってしまいがちである。そのため、スピーチ原稿を見ながら（読みながら）話すことを認める実践も散見される。しかし、スピーチは、聞き手に自分の「意見」、「主張」を述べる行為である。よって、聞き手に向けて話し手が自分の伝えたいことを理解してもらえるように話すことにもっと重点を置いて指導する必要があるのではないかと考えた。

　本単元では、発表のための原稿は作らずにスピーチメモだけで話せるように単元展開を考えた。5年生の子供たちが、聞き手である4年生の様子や反応を見て話す内容を変えられるような話し手になるような資質・能力を育てたいと考えたからである。

（2）4年生には質問しながら聞く力を育てたい

　4年生では、5年生の提案を聞いて「質問する」という言語活動を通して「聞くこと」の資質・能力を育成したいと考えた。

　自分が聞きたいことの中心を明確にするため、5年生が何について話すのかを事前に簡単に知らせ、自分が知りたいことは何かをノートに書き出してから話を聞くようにさせた。そうすることで話を聞く目的をもつことができると考えた。

　また、5年生の発表を聞いて終わりにしないために、話を聞いて分かったことを5年生に伝えられるような振り返りカードを作成した。

3. 5年生における指導の実際

　筆者は5年生の授業を担当した。したがって「指導の実際」は、5年生を中心に述べることとする。

1時間目　単元の見通しをもつ

　これまでのスピーチの経験を基に、どのようなことに気を付けてスピーチをしてきたか確認した。児童からは、「ていねいな言葉づかいで話す」「相手を見て大きな声で話す」「相手に分かる言葉を使う」などの意見が出された。このことから児童は、これまでの話す活動において、話の内容よりも話し方といった技能に重点を置いて学習をしてきたという実態が見えてきた。そこで、本単元のねらいが、「自分が伝えたいことに説得力をもたせるために話の内容を考える」ということであることを伝え、学習の流れを確認した。そ

の中で、今回は原稿を作らず、スピーチメモを作成して話す活動を行うことを伝えた。

2時間目　話の構成を考える

　第2時では、教師の作成した付箋紙の見本を示した後、提案の内容と話す順序を考えさせた。子供たちは、4年生に薦める宿泊体験学習の活動の内容とそれを薦める理由（根拠となるエピソード）を付箋紙に書き出した。付箋紙に書き出す事柄は箇条書きとし、2〜3つに絞り、なるべく短くまとめるように指示した。

　これまでの「話すこと」の学習活動においては原稿を作成することが多かったため、付箋紙は小さいものを使用し箇条書きでしか書けないようにしたが、それでも付箋紙に細かい字で話す内容を書いている児童が見られた。そのような児童には、「メモの作成だけでも話せるようになる」というめあてを再度確認して、付箋紙への記入は短くまとめて書くように指導した。話す話題の選択、話の順序を検討する上で、付箋紙を活用することはとても有効である。

3時間目　スピーチメモを作成する

　子供たちは、第2時で作成した付箋紙のメモを基に話す内容を整理し、スピーチメモを作成した。その際に、「はじめ」「中」「終わり」をどのような構成にするか、「中」の部分で付箋紙に書かれた事柄をどのような順序で話すかを整理するよう伝えた。

　スピーチメモを作成した後に、グループの友達に相談する時間を設け、自分が薦めたい理由とその根拠となるエピソードがあっているか、自分が伝えたいことが伝わるかについて意見を交流した。友達のメモを見たり、相談にのってもらったりすることで、自分の伝えたいことが整理できたようであった。

4時間目　話すときに使う資料を作成する

　自分の話の内容を聞き手により伝わるようにするために、資料の作成を行った。今回は「おすすめの活動を伝える」ということだったので写真を利用する子供が多かったが、中には、野外炊事での薪の組み方を絵に描いたり、伝えたい内容を箇条書きにした資料を作成したりする児童もいた。

5時間目　友達の前で話す

　一人で練習したり、グループの友達の前で話したりする活動を行った。友達を相手にして話すことで、自分の話の内容が相手に伝わるのか、自分が用意した資料が効果的である

のかを確認することができる。練習の際に話し手に提示しためあては以下の通りである。

《練習のときに確認すること》
① 理由が説得力のあるものになっているか。
② 理由と挙げられているエピソード（事例）が適切か。
③ 使われている資料が効果的か。

このめあてにしたがって、お互いのスピーチについ
て助言をし合うようにした。最初は全体的に早口に
なってしまう児童が多く、助言も前述の①②に関わる
内容ではなく、「声が小さい」とか「もっと、ゆっく
り話す」といった技能面での助言が多かった。練習を
繰り返した後、友達に話を聞いてもらった後の自分自
身のスピーチに対する振り返りでは、「資料を出すタ
イミングや見せ方に工夫が必要」、「実際に話してみると言葉のつながりがおかしいと感じ
た」、「友達の反応を見て、内容を見直した方がよいと思った」、「話し方に気を付けなくて
はいけない」などの意見が出された。実際に話すことで、自分の話の構成や言葉の選択、
話のつながりが適切かどうかなどを意識できたようである。
　子供たちの中には、スピーチメモを一切見ずに話そうと試みる姿も見られた。

6時間目　4年生に話す

　4年生を前に、自分がすすめる体験学習の活動についてのスピーチを行った。グループ
ごとに4人の4年生を前に順番に話し、話し終わった後は4年生からの質問を受けて答
えるようにした。クラスの友達の前で話す活動とは違った緊張感があったようだ。4年生
からの質問に、5年生が身を乗り出すようにして聞き、ていねいに答える姿が見られた。
4年生からは、「5年生になったら三浦に行って、今日みたいに4年生のみんなに発表で
きたらいいと思いました」などの感想が寄せられた。
　今回の授業では、5年生の児童が交代で、友達が話す様子をタブレット端末で録画する
活動も行った。

4. 実践を振り返って

（1）交流によって学習意欲を刺激する

　5年生は、下級生の4年生に自分が体験したことを「話す」ということで、分かっても
らえるように話したいという意欲をもつことができた。4年生が話を聞いて、自分が薦め
る活動のイメージをもてるように、あるいは、4年生が自分も体験したいと思ってもらえ

るように話の内容を明確にし、自分が薦めたい活動とその薦める根拠となる理由を考えようとしていた。相手に理解してもらいたいという思いが自分の話の内容の質を高めたいという意欲につながるのだと感じた。

　他学年と「交流」することにより、話し手側は級友の前で話す時より緊張感をもって話しており、実際に話せると次も「話したい」という思いをもつようになる。たとえうまく伝えられなかったとしても、次は「伝えられるようにしたい」と思うようである。

（2）聞き手を意識する

　4年生に実際に話すまでに、一人で話す練習をしたり、級友に話したりする活動を設定した。一人で話す練習をしていると、どうしても話し方が速くなってしまうようである。しかし、級友に聞いてもらっての練習では、一人で話すときよりも聞き手を意識するせいか、速さにも気を遣って話すようになる。級友に話した後に、どんなことに注意するとよりよく伝わるかを振り返らせたところ、児童は一人で話す練習をしたときには気付かなかった改善点に気付くことができていた。聞き手を意識したことで、より一層自分の話し方や内容について、相手に伝わっているのかを意識した振り返りができたのではないかと考える。それは、聞き手が目の前にいることで、自分が伝えたいことが聞き手に伝わっているかどうかを、聞き手の反応を通して確かめることができたからではないだろうか。

　聞き手の反応を見て伝わっていないと判断した時には補足説明をしたり、聞き手に応じて話題を変えたりすることができるようになってほしい。原稿を作ってしまうと、たとえ原稿を手元に置かなかったとしても原稿に書いたことを話すことにこだわってしまう。また、原稿に書いた内容を思い出せないと話せなくなってしまう。このようになってしまうのは、「他者に自分が伝えたいことを理解してもらうために話す」というのではなく、「人前で話す」ことだけが目的になってしまっているからだと考えられる。

　本単元の最後の振り返りで、Aさんは「原稿だけじゃなくてメモも見ずにスピーチをするのは初めてだったけど、そのときに思いついたことを言えばうまくいったので、これからもやる機会があったらやってみたいです」と記述していた。Aさんが「思いついたこと」を話せたのは、目の前にいる4年生の様子や反応を見て、話す内容を変えられたからだと考えられ
る。そしてAさんは事前に考えていたことと違うことを話しても、聞き手に自分が伝えたかったことは伝わるということを実感できたといえるのではないだろうか。この聞き手の反応を見て話す内容を臨機応変に変えられることは、スピーチをする際に大切な「話す力」だと考える。

（3）聞き手に応じて話の構成を考える

　実際に4年生に話し、話の構成を工夫することで聞き手への伝わりやすさが変わることを児童は実感したようだ。Bさんは4年生に話した後の振り返りで、「スピーチの構成は聞く人（相手）を考えることが大切だ」と書いていた。実際に4年生に話してみて、聞き手から、自分が伝えたつもりでいたことを質問されたことで、自分の話の内容を振り返り、話す順序に課題があったのではないかと考えた。Bさんは、最初に話の構成を考えている段階では、聞き手である4年生のことを意識していなかったことに気付いたようだ。そして、スピーチの構成を考える段階でもっと聞き手を意識して構成を考える必要があったことに気付くことができた。

　話したいことを何の脈絡もなく話すのではなく、どの内容をどの順序で話すかは相手に応じて工夫する必要がある。話し手として自分が話したいことだけをただ話すだけでは、聞き手には伝わらないということを、Bさんは4年生に話すことを通して実感したと言える。

（4）　ICT機器の活用について

　タブレット型端末を活用して児童の話す様子を撮影すると自分の話す様子を視覚や聴覚で確認することができる。実際に、話しながら感じたことと自分の話す様子を客観的に見ることで自分自身の話の構成や内容、話し方を振り返ることができるのである。このようにICT機器を有効に活用することで、話し手はより聞き手の立場になってスピーチの内容を見直すことができるであろう。また、友達に聞いてもらわなくても、自分自身で撮影し、撮影後に映像を見てスピーチの改善を図ることも可能である。練習回数を確保したい場合にも、ICT機器の活用が有効であると感じた。ただし、映像を見て振り返る際には単元の目標を意識させ、その実現が図られているかを自分自身で見て取れるようにしなくてはならない。撮影して終わりにならないように留意する必要がある。

（5）　4年生は何を感じたか

　この単元の振り返りで、4年生が学級担任に「わたしたちも宿泊体験学習の話を3年生にしないのですか」と話したそうである。4年生にとっては、5年生の話す姿が手本となり自分たちも同じように3年生に対し自分たちの宿泊体験学習について話してみたいと思ったようである。自分たちのために話してくれた上級生の姿を見て、憧れの念を抱いたのではないだろうか。また、聞き手側は自分の中にある「誰かに伝えたい」という思いをこのような活動を通して刺激されるのかもしれない。

　Cさんは振り返りカードに「野外炊事では、作り終わった後に達成感があるということ

で、愛川ではミサンガ作りの達成感は分かっているけど、野外炊事の達成感は分からないので早く５年生になって三浦に行きたいです」と書いていた。この記述から、Ｃさんが自分の経験で感じた「達成感」と５年生が話してくれた野外炊事で感じた「達成感」を比べながら聞き、考えたことを振り返りカードに記入したことが分かる。Ｃさんのような記述は、他の子供たちにも見られた。

　このような４年生の姿から、４年生にとっても「聞くこと」の資質・能力を身に付ける学習活動になったのではないかと考える。

初出：岡本利枝「「主体的・対話的で深い学び」につなげる「話す活動」の実践」『小学校国語科における主体的・対話的で深い学びの授業づくり』公益財団法人　日本教材文化研究財団、2020、pp.50-62

小学校と幼稚園の「校種の壁を越える」

単元 「オリジナル『ぶたのたね』を書こう」

教材 『ぶたのたね』『またぶたのたね』『またまたぶたのたね』（絵本館）

学年・領域 第1学年　B 書くこと　**指導時期** 2月　**指導時数** 9時間

1. 単元の評価規準と指導計画

単元の評価規準

知識・技能	思考・判断・表現	主体的に学習に取り組む態度
①共通、相違、事柄の順序など情報と情報との関係について理解している。〈(2)ア〉	①「書くこと」において、」文章を読み返す習慣を付けるとともに、間違いを正したり、語と語や文と文との続き方を確かめたりしている。〈B(1)エ〉 ②「書くこと」において、文章に対する感想を伝え合い、自分の文章の内容や表現のよいところを見付けている。〈B(1)オ〉	④主体的に情報と情報の関係を理解して、文章を読み返す習慣を付けるとともに、間違いを正したり、語と語や文と文との続き方を確かめようとしたり、文章に対する感想を伝え合い、自分の文章の内容や表現のよいところを見付けることに向けた粘り強い取組を行う中で、自らの学習を調整しながら学ぼうとしている。

単元で取り上げる言語活動

　想像したことを基に簡単な物語をつくる活動

単元の指導計画

		評価規準と評価方法	学習活動
第一次	1・2	[知識・技能①] 記述(印や書き込み)の確認	・『ぶたのたね』シリーズ、3冊の読み聞かせを聞く。 ・3冊のコピーを読み、同じところを探して印を付けたり、気付いたことを書きこんだりする。
第二次	3・4・5・6	[思考・判断・表現①] 記述(メモ・自作絵本)の分析 [思考・判断・表現②] 行動(読み合い)の観察	・第一次で分かった『ぶたのたね』シリーズの同じところと違うところから絵本メモを作る。 ・絵本メモを友達のものと読み合い、よいところを見つけ合ったり、必要があれば修正したりする。 ・絵本メモを基に『オリジナル　ぶたのたね』を書く。
第三次	7・8	[主体的に学習に取り組む態度①] 記述(振り返り)の分析	・読み聞かせの練習をしたり、クラスの子供同士で読み合ったりする。 ・幼稚園児に読み聞かせをする。 ・活動を振り返ってノートにまとめる。

2. 交流のねらい

　「校種の壁を越える」と聞いても、単なる交流活動で終わってしまうというイメージはないだろうか。単なる交流活動でも幼稚園の子供たちにとっては、小学校を慣れた場所にしていくために効果的であることは間違いない。しかし、小学生の「資質・能力を高め

る」という視点で見たときにもっと効果的にする余地があるのではないかと感じていた。小学生の「資質・能力を高める」ために幼稚園との交流活動をどうつくり上げていけばよいのかを実践を基に述べていく。

　本単元では、幼稚園児という明確な相手を意識することにより創作文の推敲を効果的に行うことと、相手の反応から自分が書いたもののよさに気付くことをねらいとしている。

　実践の詳細を述べる前に、まずは「小学校と幼稚園の校種を越えた実践を行うことのメリットは何か」ということを考えたい。

　メリットの1つ目に「意欲の高まり」を挙げる。当然ではあるが、小学校1年生は小学校の中では最も年下である。そのため、2年生以降の小学生や教員にとっても「できない存在」として見られるため、よくも悪くも世話をしてもらえる存在である。一方で、幼稚園や保育園のときには最も年上であったため「できる存在」として扱われ、自分たちにもその自負があったはずである。実際に幼稚園の先生と話をしてみると、「あの子はあんなことまでできていたけど、小学校に入って少し甘えているのかな…」という話もよく聞く。確かに朝の身支度など本当は自分でできることも、上級生に手伝ってもらっている子を目にすることは少なくない。そんな1年生の担任をしていると「立派になったな」と思う瞬間がやってくる。それは、「来年の1年生に何をしたいか」ということを話し合うときである。「僕も〜をしてもらったから…したい」「学校は楽しいよということを伝えるために、私は〜をしたい」というように誰かのために何かをしてあげたいということを口にするようになる。年下という、助けてあげるべき明確な相手が見えてくることで、本来もっていた資質・能力が引き出されるような「意欲の高まり」が生まれやすくなるのである。

　メリットの2つ目として明確な相手意識による「質の高まり」を挙げる。学習指導要領には「書くこと」の全学年の学習過程に「共有」が位置付けられており、その目的として「自分の文章の内容や表現のよいところを見付けること」が示されている。つまり「共有」によって、他者のものと見比べたり、他者からの評価を受けたりすることで自分自身が書いた文章を俯瞰して、よいところを見つけていくことが求められていることが分かる。他者が自分の文章を読んで「〜が分かりやすくていいですね」「〜というところに共感しました」というようなことを言われて改めて自分の文章のよいところに気付けることは多い。逆に読んだ相手の反応が薄かったり、首を傾げてよく分からないという表情だったりすると、「何が分かりづらかったのかな」と考えながら見返すようになる。また、同じテーマや同じフォーマットで書かれている文章が並んでいて読み比べることで初めて自分の文章の立ち位置を知ることもできる。そこで本単元では幼稚園児に読み聞かせる前に友達同士で読み合い、幼稚園児の立場に立って感想を伝え合う活動を取り入れた。さらに相手が年下である幼稚園児ということにもメリットがある。例えば「幼稚園にいた頃だったらこの言葉が分からないはずだから、違う言葉に変えよう」とつぶやきながら修正する子供がいた。書き手の視点だけでなく、自分も経験してきた幼稚園児という立場から多角的

に見ようとしているのである。また、幼稚園児たちの反応はよくも悪くも素直であることもメリットである。内容が分かりやすくおもしろければ、笑ったり前のめりになったりしてくれるが、そうでなければ無反応ということも少なくない。これが年上の学年の子供や大人を相手に対象とすると子供たち自身は経験したこともない立場のため、その立場になって考えるのは難しい。その上、年上は1年生が頑張ったことを無条件で褒めてくれるので、本当の反応は見えづらい。

　このように他校種を越えた実践のメリットもあるが、大きな課題もある。それは、「時間の制約」である。校種が違えば、同じ時程で日々の生活を過ごしていないため、時間の調整などに苦労するのではないだろうか。本校は、幼小中一貫の施設一体型の学校のため、同じ敷地内に施設があり一般の学校に比べて交流も多いのにもかかわらず、ネックに感じていたところであり、解決が難しい。そこで、まず大切にしたのは「失敗してもよい」という意識を共有することである。まだ幼い子供たちの活動を計画通りに成功することを意識しすぎると教師による多くの手立てが必要になる。そうなると、教師側の事前の準備や打ち合わせが多くなってしまい、気軽に交流することが難しくなってしまう。今回の実践だけでなく、幼稚園との交流をするときには、成功することを気にしすぎないようにすること、教師があまり出過ぎず交流がうまくいってもいかなくても待つことを確認し合っている。もちろん何もしないというわけではなく、最低限行いたいこととできなくてもよいことを共有しておくことで、よい意味で気楽に交流活動を行うことができる。そして、1度の交流活動で終わりにせず、小学生には反省点を出し合った上で修正してもう一度チャレンジする場を与えたり、次回の活動に生かすように助言したりしていく。このように、育みたい資質・能力を明確にし、教師が「待つこと」ができれば、教師に与えられた学びではなくなり、子供たちが本当の意味で創り出す学びにつながっていくと考えている。

3. 指導の実際

(1) 『ぶたのたね』シリーズ3冊の読み聞かせから、同じところを見つけ、共有する

　入学当初から必ず1日1冊以上の絵本の読み聞かせを行ってきた。本に親しむことをねらいにしていたが、子供たちがどのような本が好きなのか、何に興味・関心をもっているのかなどを見取ることもしていた。その日常活動の中で『ぶたのたね』シリーズの読み聞かせを行った。2冊目、3冊目となると「次はこうなるんじゃない？」「やっぱりこうなった！」と予想しながら読む姿が見られた。自然に同じところに着目する姿が見られたので、「『ぶたのたね』シリーズで同じところはどこか」という課題を立て、絵本がコピーされたプリントに印を付ける活動を行った。その後、同じところを共有したところ次の8つのプロットにまとまった。

---

①「おおかみがぶたにからかわれる」（ぶたのせりふ、おおかみのしょうかい、おおかみがくやしがる）

②「きつねはかせにぶたのたねをもらう」（きつねはかせ、おおかみのせりふ）

③「ぶたのたねをうえる」（どこに、どのようにうえる？）

④「ぶたのみがなる」（どのようにみになる？　なんびき？）

⑤「ぜんぶ大きいどうぶつがきて、ぶたがいなくなる」（どのようなどうぶつが出てきて、どのようにぶたがにげだす？）

⑥「ぶたをたべるチャンスがある」（気をうしなう？ねる？どのようなチャンス？）

⑦「けっきょくぶたはたべられない」（どのようにぶたをたべられなくなっちゃう？）

⑧「さいごにショックなことがある」（どのようなことがおこる？）

（2）第一次で分かった『ぶたのたね』シリーズの同じところから絵本メモを作る

　（1）でわかった8つのプロットに対して自分の想像した物語ではどうなるか1つずつ自由に書き込めるよう、あえて罫線のないワークシートを与え、子供たちなりに想像したことをメモさせた。この時点で具体的な物語を思い浮かべている子供もいたが、出来事のあらすじ程度の子供もいた。書き始めに困っている子供には（1）の8つのプロットを見返すよう声をかけたり、「ここならどんなことがありそう？」と聞き取りをしたりする手立ても積極的にとっていった。この時間でほとんどの子が物語のおおまかなあらすじをメモすることができていた。

（3）絵本メモを友達のものと読み合い、よいところを見つけ合いながら修正する

　メモ段階で読み合うことで他者のものと比較し自分の作品に生かすことを大きなねらいとした。単純に何をどのように膨らませて書くのかというイメージがまだ持てていなかった子にとっては、具体的な物語を思い浮かべている子供の作品を見ることは大きな手立てとなっていた。さらに、具体的な物語を思い浮かべている子供も他者のものと見比べることで自分のメモの足りないところに自然に気付き、修正を加える姿も見られた。ほとんど完成した状態での交流だとそこで気付いたことが生かされないことも多いことを考えると、制作の途中で交流することの効果も感じた。

（4）絵本メモを基に『オリジナル　ぶたのたね』を書く

　メモを基に物語化していく段階である。様子を見ていると、①で配付した3作品を読み返し、参考にしながら書く姿が見られた。子供たちにとって、参考にできる既存の作品があるということは大きな手立てとなることを感じた。ほとんどの子供が手を止めることな

く書き進めることができたが、一つ一つの絵を丁寧に進める子もいたため必要とする時間の幅は大きかった。納得する作品を作ってほしかったため、課外の時間や家庭での活動も認めた。Ａさんは④「ぶたのみがなる」（どのように みになる？なんびき？）というプロットにおいて、前の場面で胡椒を振りかけてくしゃみをした拍子に料理に入ってしまったぶたのたねを食べてしまい、口の中からぶたの木が生えてきてしまうという子供らしい発想のものだった。周りの友達と読み合った際にも、この発想に対して「おもしろいね」と声を掛けられることも多く、自分が書いた物語のよいところを捉えることができていた。Ｂさんは

Ａさんの作品

Ｂさんの作品

⑤「ぜんぶ大きいどうぶつがきて、ぶたがいなくなる」（どのようなどうぶつが出て、どのようにぶたがにげだす？）というプロットに対してミノムシが登場し、ミノムシがぶら下がれないという理由でせっかくなっていたぶたを落とした結果、ぶたは逃げてしまい食べられないという展開にしている。Ｂさんは発想は豊かな一方で音読が苦手だったり書いた文章に誤字が多かったりした子供だったが、何度も自身で読み返したり、このあとの読み聞かせの練習を通して推敲を適宜行うことで完成度を高めていた。

（5）クラスの子供同士で読み合い、読み聞かせの練習をする

全員の作成が終わった時点で読み聞かせの準備としてすらすら読めるように練習をする時間をとった。子供自身は完成したと思っても、実際に声に出して読んでみると気が付かなかったことに気付き、音読を通して修正する子供も多くいた。また、幼稚園児に読み聞かせるお試しとして、同じ生活班の友達に読み聞かせるということも行った。単純に声の

大きさや読み方に注目してアドバイスをし合う場面もあったが、（3）の活動と同様に友達のものと比べて足りないところに修正をかける姿もあった。一方（3）のときより完成に

近いものだったこともあり、「ぶたが逃げられちゃうところが面白いね！」といったように、よいところを認め合う姿もあった。

（6）幼稚園児に読み聞かせをする

　もともと行事などで関わりのあったこともあり、幼稚園児に自然に接することはほとんどの子供ができていた。しかし、いざ相手が目の前に立つとうまくいかないこともあった。言葉が難しくて伝わらないところ、書いた本人は面白い内容だと思ってもその面白さが幼稚園児にはよく分からないなど様々であった。相手としての幼稚園児のことを考えている

ようで考えていなかったことに子供自身が気付いた瞬間であった。校種の壁を越えて交流すること、つまり学校では出会えない、さらには助けてもらえない相手を対象とすることで、子供たちに物語づくりの楽しさと難しさをリアルに感じさせることができたのではないかと思う。先にも述べたように教師側が事前に多くの手立てをうっておき成功させることも大切ではある。しかし、この活動が終わったあとの振り返りで、修正して「もう一度読み聞かせたい」という子や「違う絵本を作って読ませたい」という子も出てきたことを思うと、切実感をもって活動することができていたことが大きなプラスであったと感じた。「もう一度」という思いも尊重し、希望する子供には用紙を渡し、休み時間や家庭でやってくることを許可した。修正したものや新しく作ったものについては、幼稚園の担任に託し感想をもらうこともできた。

4.　実践を振り返って

　前段部分では「校種の壁を越える」ことに主眼を置いて述べてきたが、まずは「物語創作」という視点で実践を振り返ったあと、より効果的に資質・能力を高めるための校種を越えた交流について振り返っていく。

（1）物語創作について

　山本稔は「物語作りの学習活動に示される課題があまりにも抽象すぎるため、どうかすると、物語への憧れとは裏腹に、その創作活動はみじめに幕を閉じることが多い」（「単元『物語を作ろう』の研究」日本国語教育学会『ことばの学び手を育てる　国語単元学習の新展開Ⅳ　小学校高学年編』東洋館出版社、1992年、pp.147-151）と述べている。確かに物語の読み聞かせなどを重ねていくと、自分たちでも「物語を書いてみたい！」という思いが芽生えてくることが多い。その思いは強い一方で、実際にやってみたら簡単にできるものではないことを知り、作者のすごさをそこで初めて理解するのだが、創作という活

動で言えばその意欲は減退していく可能性は高い。そこで、モデルとなる３作品を読み比べ、何をどのように書くのかを共有することで型を明確にした。ある一定の型を自分たちで見つけ出した上で、その型に沿って書くという単元の流れが、35名の子供たち全員が物語を書くことができたことにつながった。書くことに苦手意識があった子供も、原作の３作品を参考にしながら、その子なりのオリジナリティが感じられる作品を作ることができた。発想が拙かったり、出来事同士のつながりがやや弱いものもあったりするが、１年生という発達の段階から見れば十分だったと言える。低学年の物語創作においては従来の起承転結といった抽象的な型ではなく、本実践のようにかなり絞った「型」を与えることが有効であることが分かった。

（2）より効果的に資質・能力を高めるための校種を越えた交流

　幼稚園と小学校という校種を越えた実践を行う大きなメリットとして「意欲の高まり」と「質の高まり」を挙げた。この２つの高まりについて振り返っていく。

　まずは「意欲の高まり」である。低学年の推敲の指導「事項」として「間違いを正すこと」「語と語や文と文との続き方を確かめたりすること」が挙げられている。年下で、さらには来年度１年生として入ってくる相手を対象としたこともあり、「間違いたくない」という思いや「間違ったものを教えてはいけない」という切実感が推敲の意欲を高めていくのを感じた。子供たちの意欲と教師がねらいとした指導「事項」が重なった瞬間であった。子供たちの中ではこの指導「事項」以外にも絵や字の丁寧さなどにも目を向け、意欲の高まりにより作品の質を高める姿もあった。また幼稚園児への読み聞かせの前に行ったクラスの友達への読み聞かせよりも、幼稚園児への読み聞かせが近付くにつれてその意欲が高まっていったことを見ると校種を越えた交流でしか見られない意欲の高まりであったと言える。

　次に「質の高まり」である。全体的に見れば意欲の高まりと同時に推敲の質の高まりはあった。ただ活動の進度の違いが大きかったため、指導「事項」として押さえたい「間違いとは何か」「語と語のつなぎ方は何か」「文と文のつなぎ方」という推敲する項目を子供たちと共通理解を図るタイミングが難しかった。欲を言えば、自然に推敲し始める中で何に注意して推敲していけばよいのかということが明らかになり、獲得した推敲の視点を日常で書く文章でも使えるようにしたかったところである。そのため、具体的な推敲の視点が共通認識にならなかったのは反省点である。しかし、共通認識にすることにとらわれすぎて、推敲チェックシートのようなものを教師から与えてしまっては本当の言葉の力は養われないと考え、あえて事前に観点は示さなかった。あくまで子供たちが気付いたものから共通理解を図っていくことが必要であるが、そのタイミングが揃わないところが悩ましいところであった。また、生身の相手を対象とすることで意欲や質の高まりがあったことを見ると、子供がつくり上げていく学びにはなった一方、相手が素直な反応を示すことから満足感、達成感を味わいきれなかった子も少なからずいた。最終的には保護者への読み

聞かせを行い、一定の満足感が得られるよう配慮をすることで満足感を得られた子供もいた。切実感のある活動だからこそ、このような配慮も忘れずに実践することの必要性も感じた。

　先にも述べたように、本校が同じ敷地内に施設があり一般の学校に比べて交流も多いからこそ本単元が進めやすかったということは否めない。しかし、スタートカリキュラムの推進や幼稚園教育要領で幼稚園修了までに目指す姿が示されるなどの影響から、幼小中一貫校でなくても、施設一体型でなくても地域の幼稚園、保育園と小学校との交流活動は近年増えている。したがって、その機会をいかに有効に使っていくかということを考えていくことが必要である。交流を成功させるためにはお互いに着飾り過ぎる必要はないこと、「待つ」という意識を共有することが重要であると私は感じている。幼稚園児たちも小学1年生も私たち教師が思っているよりできることは多い。全国でよい意味で気楽に子供たちの成長が見られるような機会が増えることを願っている。さらには校種の壁がどんどん低くなり、やがては越える必要がなくなる日がくることも願っている。

初出：曽根朋之「無責任な自由を与えない創作文指導」『教育科学　国語教育』No.849、
　　　明治図書出版、2020、pp16-19

第IV章

日常的に言葉の力を育てる指導

実践例 10 モジュールを生かした小単元指導 ～小単元を「あっさり短く学ぶ場」から 「繰り返しじっくり学ぶ場」へ～

学年	第4学年

指導時期	通年	指導時数	4時間（1時間＋15分×9回）

国語科には、「熟語」「ことわざ」「主語、述語」「部首」「接続語」などのように、小単元で構成されている単元が数多くある。その一つ一つの小単元では、言語能力の基盤を育成するために重要な内容が扱われており、とても大切な学習である。しかし、折にふれて指導したり、活用したりしていくとの前提のもと、その学習の時間があっさり終わってしまっていることがないだろうか。時間数の少ない単元であっても、子どもたちが「分かった！」「面白い！」と感じられるようにしていくために、モジュール学習による学習展開を行うこととした。

第4学年の「接続語」の学習を、実際にモジュール学習を取り入れて行った取り組みを紹介する。学習との出合いである最初の時間は、45分をかけてじっくり行い、今後の学習の見通しをもつ時間とした。その後の3時間は全て、15分ずつに分けた。モジュール学習にしたねらいとして、以下の3つを考えた。

①学習したことを、活用する機会を多く設けること
②文を作って友達と交流することを繰り返し行い、多様な考え方・表現方法に触れること
③学習に見通しをもち、自分の課題へ取り組む機会を多く設けること

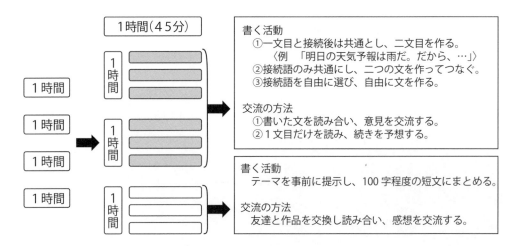

子供たちが一コマ一コマの学習に対し、とても意欲的に取り組んで行っている様子が伝わってきた。普段は「文ってどうやって書いていいか分からない」と書くことに苦手意識

166

があり、手が止まってしまう児童が、「今日の接続語は自信がある」「友達が教えてくれた表現にしたら、もっといい文になった」と、うれしそうに発表をするようになった。考え

た文が友達から評価され、さらに、友達の作品から刺激をもらうことで、「自分にもできる」「次は○○さんの書き方で書いてみたい」と自分の力が高まっているのを実感し、自分の次の目標をもてたのだと思う。次の学習の機会が保障されていると

書くことに苦手意識があった児童の単元はじめ頃と終わり頃の作品

いうことは、モジュール学習にしたねらいであったため、その言葉が発されたときには、筆者もうれしかった。

　学習を進めていく中で、子供たちから「これ、毎日やってみたい」「宿題にしようよ！」と声が上がるまでになった。きっとこうした児童の姿は45分の授業を繰り返し行うだけ

では、見られなかったのではないかと思う。接続語を使うことによって、自分の考えをより豊かに表現できるようになったことで、文章量も自然と増えていった。

　小単元の内容をモジュール学習で行うよさは、子供たちだけでなく、教師側にもあった。一番のメリットは、子どもたちの理解度であったり、定着度であったりを教師側が把握しやすくなったことだ。それにより、子どもたちの書いた文章に対し、繰り返し評価が行えるため、次時にどのような手立てを打つとよいかを考えることができた。

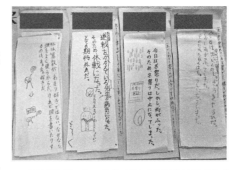

接続語を用いた文を教室内に掲示し、休み時間などでも交流できるようにした。

　小単元でのモジュール学習は、まさに「エビングハウスの忘却曲線」に通じるものがある。短時間で一気に学習をするのでなく、繰り返し活用する場を意図的に設けていくことは、子供たちの学習の機会を保障し、より定着しやすくするために大切なのではないだろうか。それまでの学年で学んできたことを振り返り、価値付けながら、新しく学習する内容を意図的・計画的に組んでいくことで、モジュール学習の効果は発揮されていく。モジュール学習を活用することにより、言語力が高まり、「主体的・対話的で深い学び」の実現がしやすくなる場合もあるのではないだろうか。15分と短く、漢字学習などに使われてしまうだけではもったいない時間である。

　「15分しかない」から「15分でも」「15分だからこそ」と視点を変えることによって、子供たちの達成感に満ち溢れた笑顔がたくさん見られたように感じている。

実践例 11 どのような場面でも自分の思いを伝えられる子を育てるスピーチ活動

学年 第6学年

指導時期 通年 **指導時数** 朝の会（個への事前指導は休み時間）

　子供は成長過程の中で言語を習得し、コミュニケーションツールとして使用する。その際、コミュニケーションの対象である保護者や周りの人々に、自分の思いが通じたという経験をたくさん積んだ子は、話好きになる。反対に、自分の思いが伝わらないままの経験を積んでいる子は徐々に話したがらなくなる。

　本校には、入学時から話好きの児童が多いと感じる。しかしながら、この話好きの「話」は、自分の思いを目的意識なく話す「おしゃべり」に近いものである。おしゃべりを積み重ねても言語に関する知的な認識は深まらない

　話す力は、どの学習でも求められる力である。話すことが、自分の思考を深めたり広げたりすることにつながるからである。さらにコミュニケーションを図るための最も重要なものだからである。そこで、話す相手を意識させたり話す目的を明確にさせたりして言語感覚を養うとともに、言語活動を充実させ、自信をもって「話す」ことができる子の育成を目指すことにした。

　「どのような場面でも自分の言葉で話せる子になってほしい」そのような願いから、話す場面を日々の活動の中で多く取り入れてきた。どのような場面でも話すことができるようにするためには、話すことへの抵抗感をなくし、自信をもって自分の考えを自分の言葉で伝えることができるようにすることが大切である。そこで、自分のことを話す一つの場として「朝のスピーチ活動」を設定した。

　スピーチ活動を充実させるために、私はいくつかの手立てを考えた。

　「自分の話をすることって楽しい」「友達は何を話すのかな」など友達への関心に意識を向けさせ、スピーチに対する抵抗をなくし、興味をもたせることがその一つである。そのためには、まず話のテーマ設定が重要である。

　「自己紹介」や「私の〇〇を推薦します」など、話すことが見つけやすく、これまでの経験を生かすことができるものからテーマを設定した。そうすることで、「何を話したらよいか分からない」「どうやって話したらよいか分からない」とこれまで迷ってしまっていた子でも自分のことだと、話題が見つけやすくなると考えたからだ。

　次に、「組み立てメモ」を作成させることを大切にした。「組み立てメモ」は、下記の図のような「組み立てメモ①」と「組み立てメモ②」にし（以後メモ①、メモ②とする）、メモ①では、話したいことを項目ごとに箇条書きにする。そして、メモ①の項目ごとを切

り取って、メモ②に貼り付けながら、話す構成を考える。そのことによって、自分の考え
は整理され、話す内容が明確になっていく。話題からずれず、自分の思いが相手に伝わる
経験を得ることができれば、それが自信となり、「スピーチが楽しい、またやりたい」と
いう意欲につながっていくと考えたからである。スピーチの準備段階での教師の出番は、
重要となる。テーマに沿った内容の見つけ方や「組み立てメモ」の作り方の指導は欠かせ
ない。しかし、授業時間での指導は、時間も限られているため難しいので、「組み立てメ
モ」の作成は宿題にした。

「組み立てメモ①」　　　　　　　　　「組み立てメモ②」

　学年当初は、宿題で書いてきたメモ①を提出させ、朱書きや聞き取りなどを加えてメモ
②を完成させられるようにした。さらに、話す内容を全て書く子がいても、それでもよい
ことにし、徐々に箇条書きにできるように促していった。子供たちのメモ②が完成した
ら、話す練習をした。その際、メモは見てもよいが読まないように意識させた。これが、
「書いた文章を読む」「暗記」にならない手立ての1つである。特に書き言葉でメモを作成
している子にとっては、有効な手立てであった。また、同時に言い直さないことを指導す
ることも重視した。言い直す子の多くは、書いたものを丸暗記しているからだ。また、
「言い直さない」を意識させることが、話の構成について考えるようになるからである。

　話すことに慣れてきたら、話す構成に力を入れる。「聞き手とのやり取りを入れる」「話
し始めを工夫する」「資料を用いる」などの条件を入れた構成を考えさせていく。スピー
チの際は、声の大きさ、速さ、目線、姿勢などの話し方の工夫も意識させる。この段階に
なると、メモは箇条書きかキーワードのみになっていく。

　スピーチ活動では、聞き手を育てることも大切である。安心して話せる雰囲気作りは、
スピーチ活動を充実させるうえで重要である。そのため、感想交流の時間を必ず設ける。
初めは、話し手の話題について自分はどう思ったのかなど、一人一人が感想を伝えるよう
にする。声の大きさ、話す速さ、姿勢などの態度や話の構成については、教師が指導す
る。教師の言葉が、感想交流する際の今後の手本となることを意識する。

　自分のことを話す経験を積んだ子供たちは、全校など大勢の前で話すことにも意欲的に
取り組むようになる。自分の言葉で自分の思いが伝わることの心地よさや、思考の深まり
と広がりを感じ取れるような子を育てていきたい。

12 地域の読書資源を活用し、言葉と出合う読書単元

> **学年** 第3学年　**指導時期** 12月　**指導時数** 7時間
> **単元** 「わたしのすきな　かこさとしさんの本」（読書指導）

1. たくさんの言葉と出合わせたい

　平成29年版解説国語編で、「語彙指導の改善・充実」が記された。語彙を豊かにすることは、各教科で行う言語活動を支える重要な要素となる。語彙を豊かにするためには、たくさんの言葉に出合うことが大切である。語彙の指導は、国語辞典の使い方や言葉集めなどの日常的な指導と、「話すこと・聞くこと」「書くこと」「読むこと」の単元の中で行う指導がある。「読むこと」の学習では、教材を読むことで新しい言葉を知ったり、文脈の中で言葉の働きに気付いたりして、自分の語彙を質と量の両面から充実させることができる。そこで、本単元では「一人の作者のたくさんの作品を重ねて読む」という単元を構想した。一人の作者の作品を重ねて読むことで作者の表現の特徴に気付くことができる。その気付きは「次に読む本でも同じ表現がでてくるかな」という読み手の期待につながり、読むことの原動力になると考えた。

2. 地域の教育資源の活用

　平成29年版では「読書指導の充実・改善」が「語彙」と同様に〔知識及び技能〕に位置付けられるようになった。学校図書館などの積極的な活用が求められている。さらに、地域には学校図書館だけでなく、公共図書館や移動図書館などの「施設」、図書館司書や読み聞かせのボランティアなどの「人」、お話会や子ども読書の日などの本に関わる「行事」など読書に関する教育資源が数多くある。学校が中心となってこれらの教育資源とつなげていくことで、子供たちの読書生活をより一層充実することができる。本単元では、学区にある図書館、書店、店で働く人を活用した。また、作家は「からすのパンやさん」などの作品で知られている「かこさとし」を選んだ。かこさとしは、1950年代から川崎市に住んでいて、仕事の傍ら当時の子供たちに勉強を教えたり、人形劇や紙芝居を見せたりするなどのボランティア活動をしていた。「地域ゆかりの作家」も地域の教育資源である。子供たちに、そのことを伝えると本を読んだことがある子は「すごい」「私の大好きな本を書いた人が、近くに住んでいたの！？」と大喜びであった。

3. 本との出合いを楽しむ子供たち

（1）公共図書館とつなぐ

　川崎市立図書館では、「団体貸出」という制度がある。登録した団体は100冊近い本を借りることができる。選書は、基本的に書名を書くが、作家とジャンルと冊数を伝えれば、本を用意してもらうこともできる。本単元では、「かこさとし」の物語を中心とした絵本を70冊借りることができた。3年生の子供たちに、かこさとしの作品はぴったりであったためモジュールの読書の時間を楽しんでいた。

（2）地域の書店とつなぐ

　地域には、1947年から店を構えている書店がある。学校のほとんどの子が何度も足を運んでいる馴染みのある書店だ。今回は「かこさとしさんの本の中から、お気に入りの本を選び、「紹介カード」をまとめ書店に掲示する」という言語活動を設定した。紹介カー

ドは書店の入り口の目立つ場所や、ガラス越しに貼っていただいた。書店に来た人はもちろん、会社帰りの人たちも大勢見ていたようだ。紹介カードを見て本を購入した人もいた。また、子供たちは、保護者と一緒に書店に行き自分が作った紹介カードを見ていた。

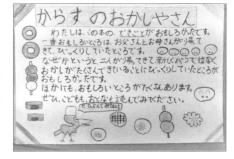

（3）書店員さんとつなぐ

　単元の最後には、書店の代表の方に話をしていただいた。「紹介カードを見たお客さんの様子、地域で活躍したかこさんの様子、かことしの自分の作品に対する思い」などについての話や、子供たちの質問に対する回答など、交流の場を設定した。この活動を設定した理由は3つある。1つは書店の方のかこさとしや本に対

する思いを聞くことは、書店とつながる一歩だと思ったからだ。2つ目は、紹介カードを見たお客さんの反応を知ることで、学習への達成感をもたせたかったからだ。そして、3つ目は、かこさとしの人間的な魅力についても知ってほしいと思ったからだ。子供たちは、紹介カードを見て本を買った人がいることに喜んだり、どんな状況になっても子供たちのために作品を書き続けたかこさとしのエピソードに感動したりしていた。

　この単元を終えて、家の人を連れて書店に行った子がたくさんいた。書店や図書館には、そこで働く人の思いがある。子供たちが、そのよさを実感し、地域でたくさんのよき本と出合い、言葉の力を高めていくことを願っている。

自己との対話を楽しむ日記指導

学年	全学年

指導時期	通年（週1回）	指導時数	15分×38回

単元	「ことばのたまご」（日記指導）

　言葉の力を育てるには短い時間での言語活動を繰り返していくことが有効ではないかと考え、本校では朝学習（モジュール）の時間を使って、「ことばのたまご」と名付けた学習に取り組ませている。「話すこと・聞くこと」の学習としてはスピーチやペアトーク、リレートークなどの活動を隔週の金曜日に行っている。また、「書くこと」の学習では入門期の文字に親しむ活動を除いて、どのクラスでも毎週木曜日に日記を書かせている。

　書くことは、自分の思考が文字として言語化することであり、それによって今まで漠然としていた思考を広げたり深めたりすることができる。そのよさに児童が気付き、実感することを目指して日記指導を続けている。

　自分の考えを書いて表現することは、どの教科でも求められてきている。しかし、書くことに抵抗を感じている児童は少なくない。本校も日記指導を行うまで、「どのように書いたらよいのか分からない」と書き方に悩む子が多かった。「書くことが面倒くさい」「長い文章を書くのは嫌だ」など、書く作業そのものに抵抗を感じている子も見られた。そこで、書くことは楽しいと実感させることが必要だと考え、日記指導に取り組んだ。

　日記指導を始めるにあたり大切にしてきたことがある。「書くことを嫌いにしない」ということだ。そのためには、低学年のうちから書くことに慣れさせるのが大切だと考え、全学年で取り組むこととした。また、自分が経験したことを文字に表すことの楽しさや相手に伝えることの面白さを実感するための一助となるよう、書いた文章には必ず教師が返事をするようにし、教師もまた子供との対話を楽しんだ。「今日は2ページも書いたよ」と長い文章を書くことが楽しいと感じる児童も見られるようになった。

　テーマや書くときの条件の設定も大切にした。低学年は、「せんせいあのね」のような書き出しから、日常生活の出来事や自分ができるようになったことを書くようにした。書く習慣が身に付いてからは、「様子を表す言葉（〜みたいに、大きさ、形、色等）を入れて書く」「心に残っている出来事を、様子が伝わるように、会話文や情景描写などを入れて書く」などの条件を付けるようにした。中学年や高学年では、自分の思いや考えを素直に表現する場として取り組んできた。季節に合ったテーマを設定したり、行事の振り返りを書かせたりした。行事の振り返りをする際には、自分の行動を振り返るだけではなく、そのときに感じたことや考えたこと、これからの自分につなげられることを書くように指

導した。自己を見つめる時間になってほしいと考えたからだ。

　それでも書くことに抵抗を感じている子が見られた場合は、書き始める前に数分間、会話をする時間を設けた。友達や教師と会話することで、自分の思考が整理され、何を書きたいのか明確になってくることも多い。教師との会話では、できるだけ「なんで？」「どうしてそう思ったの？」と疑問を投げかけるようにし、子どもの言葉を広げるようにした。

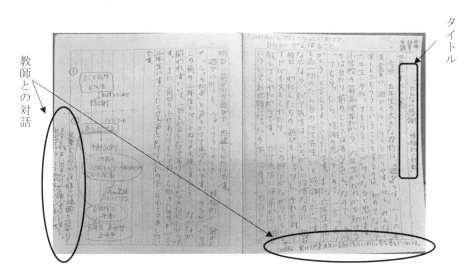

　日記が日常化するようになってからは、行事の振り返りや決意表明ばかりのテーマにならないように工夫した。さらに、国語科の指導「事項」と関連付けるように年間計画を作成した。学校全体でもどのようなテーマで取り組んでいるのかの情報交換も欠かさなかった。

　日記を書くことが当たり前になった子供たちは、「○○なテーマで書きたい」とテーマを自分から提案するようになってきた。書く文章の量も多くなり、「書いた」という達成感にもつながっていった。「明日の日記楽しみだな」「早く書きたい」と興味をもつ言葉が増えてきたことが、日記指導を続けてきた成果だと考える。

　日記は本来、自分の思いや出来事を自分のために書き留めておくものだと考える。しかし、本校で取り組んできた日記指導では、自分のためだけでなく、相手を意識して書くようにしている。そのことが、自分の思考が言語化されて相手に伝わる楽しさにつながったと考える。例えば、「楽しい」「おもしろい」という形容詞で終わっていた子たちが、他の表現の仕方を考え、言葉にこだわるようになったことも読み手を楽しませたいからだと考えられる。

　本校は日記指導を始めて４年目になる。低学年の頃から日記が日常化してきた児童が高学年となった今、自分の気持ちや行動に対する的確な言葉を選ぶようになってきた。自然と辞書を使う姿も見られるようになった。「ひらがなばかりだと読みにくい」「言葉が抜けているな」と、漢字の必要性や読み直すことの大切さにも気付き始めている。日記は、国語科で学習し身に付けた力を活用し、定着させることができる場であると考える。

おわりに

「教育改革は職員室までは入っていくが、教室には入れない」
という言葉を聞いたことがあります。理論を学ぶことと、それを授業の中で実現していくことの間には、大きな壁が立ちふさがっているということでしょう。本書の執筆者の多くは、年に数回集まって、「教育改革を授業で実現する」ために侃々諤々の議論を重ねてきた仲間です。加えてお二人ほど、優れた実践をお持ちの方にお声掛けし、執筆に加わっていただきました。

　ですから理論編においても、単に教育改革や国語教育について解説するのではなく、できるだけ学校の現状を踏まえ、具体的な言葉で語ることを心がけました。また実践編においては、子供たちの話した言葉や書いた文章、写真などを多用して、読んでくださる先生方が実際の授業をイメージできるように努めました。

　さて、今、学校で話題になっていることはどんなことでしょうか。
　一つは、「主体的・対話的で深い学び」の実現ということではないでしょうか。ところで、時々こんな質問を受けることがあります。
　「今までの授業はだめなのか、だめだとしたらどこを変えていけばいいのか。」
　今までの実践の中にも「主体的・対話的で深い学び」はたくさんありました。と言うより、優れた実践者の授業はほとんどこれだったと言っても過言ではないでしょう。しかし残念ながら、それが学校の隅々にまでいきわたっていなかった。実践者個人の力量として讃えられて終わってしまい、なかなか一般化されなかったのです。「主体的・対話的で深い学び」が一部の教室にだけ入っていくのではなく、多くの教室に入っていくことが、本書を刊行した一つの理由です。

　「主体的・対話的で深い学び」については、Ⅱ章で述べるとともに実践例で具体的な姿を追究しています。

　もう一つの話題は、学習評価でしょう。学習評価については矢継ぎ早に書籍が出版されています。しかし、中には個人的な見解を述べられておられるような本も少なくなく、本を読めば読むほど評価が分からなくなるというような声も聞こえます。学習評価はなかなかに近付きにくく、またいくつもの顔をもつ阿修羅のようです。

　学習評価については理論編第Ⅳ章で詳しく述べていますが、私たちは次の3点を大切にしています。
　○　勝手な私見を持ち込まず、学習指導要領並びに文部科学省から出された答申・報告書などを根拠とすること。

○　「これも大事、あれも大事」と学習評価に求めるものをどんどん足し算していくのではなく、「最低限必要なものは何か」「これはもっと簡略化できるのではないか」というように引き算の発想で考えること。

○　評価規準の作成や評価の方法について具体的に示し、日常の授業において使えるようにすること。

実践例では目標は示さず（国語科の場合、評価規準とほとんど同じになります）、単元の評価規準並びに評価の方法を示しております。これらはすべて作成が容易で、しかも授業改善に役立つものになっていると思います。研究授業の時には苦労して評価規準を作成するが、あまりに大変なので日常の授業では敬遠する。そんな状況を変えたいと願ったのです。

なお、本書では13の実践例が紹介されています。私たちは授業づくりに当たっては、次のことを大切にしてきました。

○　教材の内容理解や言語活動の工夫を中心に考えるのではなく、「資質・能力」の育成を授業づくりの中核に据えること（教科書を使う場合でも、「教科書を学ぶ」のではなく、「教科書で学ぶ」ことを大切にしました）。

○　「社会に開かれた教育課程」の理念のもと、教科書以外の様々な教育資源を活用すること（教室という壁を取り払い、様々な人々と学び合う授業を工夫しました）。

○　「教師（わたし）は…」ではなく、「子供は…」というように、子供を主語にして授業を考えること（これは子供を主役にするということとは少し違います。子供の視点に立って授業を考えていくということです）。

こうした授業づくりを通して、学校外の人々をも巻き込んだ「チーム学校」をより強固にするとともに、授業の振り返りを通してカリキュラムを評価・改善していくという、学校のカリキュラムマネジメントの充実を図ろうとも考えました。

私たちの思いは強かったのですが、それが本書で実現できているかということについては甚だ心もとないところです。皆様からのご叱声をお待ちしております。

本書の執筆に当たっては、コロナ禍で思うような実践ができないという悔しさも感じました。一日も早く、「制限なく学び合える空間」としての教室が戻ってくることを願っております。

様々な制限のある中、この本の編集をしてくださった東洋館出版社の上野絵美さんに、心からの感謝を申し上げます。

2021年7月　　　　　　　　　　　　　　　　　　　　　　　　　　　　白井達夫

【編著者】

髙木 展郎 たかぎ・のぶお
横浜国立大学名誉教授

1950年横浜市生まれ。横浜国立大学教育学部卒、兵庫教育大学大学院修了。国公立の中学校・高等学校教諭、福井大学、静岡大学を経て、横浜国立大学教授2016年3月退官。
文部科学省「義務教育9年間を見通した指導体制の在り方等に関する検討会議」座長
主な著書に、『変わる学力、変える授業。』(三省堂 2015)、『評価が変わる 授業を変える』(三省堂 2019)、『資質・能力を育成する学習評価』(共編著、東洋館出版社 2020)、『フィンランド×日本の教育はどこへ向かうのか―明日の教育への道しるべ』(共著、三省堂 2020)、『資質・能力を育成する授業づくりと学習評価 中学校国語』(共著、東洋館出版社 2021)など。

白井 達夫 しらい・たつお
横浜国立大学非常勤講師

横浜国立大学附属横浜小学校の研究主任として評価研究に取り組み、教職員の共同著作として『一人ひとりのよさを生かす評価』(明治図書 1993)を出版。その後、同校副校長、川崎市総合教育センター教科教育研究室長としてカリキュラム研究に取り組み、川崎市立中原小学校の校長を勤めていたときに、これも教職員の共同著作として『生きてはたらくことばの力を育てるカリキュラムの創造』(三省堂 2009)を出版。現在も各地の学校に伺い、先生方と共に評価やカリキュラム・マネジメントについて学び続けている。
著書に『授業を豊かにする28の知恵』(三省堂 2010)。共著に『新学習指導要領がめざす これからの学校・これからの授業』(小学館 2017)。編著に『小学校新教育課程 国語科の指導計画作成と授業づくり』(明治図書 2009)など。

坂本 正治 さかもと・まさはる
川崎市立東小倉小学校校長

川崎市立小学校国語教育研究会の常任委員として、「ことばの教育」や「楽しい授業づくり」などについて長く研究・実践に取り組んでいる。研究会では2年間会長を務めた後、現在は顧問として市内小学校の授業研究や研修を支援している。
また、校長として赴任した東小倉小学校では、川崎市教育委員会研究推進校として、平成29・30年度には国語科、令和1・2年度には道徳教育を取り上げ、研究報告会を行った。令和3・4年度は、川崎市教育委員会研究推進校として「SDGs」「キャリア在り方生き方教育」といった教育課題研究を通して、カリキュラム・マネジメントを進めている。

【執筆者】　※掲載は執筆順。所属は令和 3 年 7 月現在。

髙木展郎	前出	はじめに、 理論編第Ⅲ章・第Ⅳ章（1・4節）
白井達夫	前出	理論編第 1 章・第Ⅳ章（2・3節）、 おわりに
坂本正治	前出	理論編第Ⅱ章
森　壽彦	川崎市立東小倉小学校教諭	実践例 1・5
中村慎輔	愛川町立菅原小学校校長	実践例 2
永田江美	川崎市立東小倉小学校教諭	実践例 3・11・13
篠﨑聡美	川崎市立長尾小学校教諭	実践例 4
伊東有希	川崎市立東小倉小学校教諭	実践例 6
加治屋良子	川崎市立東高津小学校教諭	実践例 7
岡本利枝	横浜市立太尾小学校主幹教諭	実践例 8
曽根朋之	東京学芸大学附属竹早小学校教諭	実践例 9
中尾有希	川崎市立長尾小学校教諭	実践例10
腰越　充	川崎市立西有馬小学校教諭	実践例12

資質・能力を育成する
授業づくり　小学校国語
―カリキュラム・マネジメントを通して―

2021（令和3）年8月2日　初版第1刷発行

編 著 者：髙木展郎・白井達夫・坂本正治
発 行 者：錦織圭之介
発 行 所：株式会社　東洋館出版社
　　　　　〒113-0021　東京都文京区本駒込5丁目16番7号
　　　　　営 業 部　電話 03-3823-9206　FAX 03-3823-9208
　　　　　編 集 部　電話 03-3823-9207　FAX 03-3823-9209
　　　　　振　　替　00180-7-96823
　　　　　U　R　L　http://www.toyokan.co.jp

デザイン：藤原印刷株式会社
印刷・製本：藤原印刷株式会社

ISBN978-4-491-04391-3　　　　　　　　Printed in Japan